Smart engilsh writing

SMART ENG-LISH WRIT-ING

Smart engilsh writing

Jin Yong-woo
Ahn Byeong-kil

경상대학교출판부

저자의 말

글로벌 시대에 맞는 교육, NCS 환경에서의 교육을 필요로 하는 현실에서 영어교육은 많은 변화가 필요하다. 영어교육의 4대 기능인 읽기, 듣기, 쓰기, 말하기 중에서 어느 것이 중요할까 많이 고민하게 된다. 이 기능들 중에서 가장 지도하기도 어렵고, 학습자도 가장 어려워하는 기능이 '쓰기'이다. 그 이유는, 과거에는 전적으로 '읽기' 교육에 중점을 두었고, 최근에는 '말하기'와 '듣기'가 많이 강조되고 있지만, 아직도 '쓰기'는 여전히 어려운 과제로 남아 있으므로 다음과 같은 목표로 이 책을 준비했다.

영어교육 습득의 끝은 영어로 우리의 생각을 표현할 수 있도록 해야 한다. 필자는 영문학을 통한 영어교육과 지도를 하면서 영어쓰기도 수년간 지도하고 있으며 '쓰기' 교육의 중요성을 강조해 왔다. 이번 교재는 문법 구문을 먼저 이해한 후, 상황별, 주제별, 장르별로 구분해서 학습하도록 배치하여 우리가 전달하고자 하는 메시지를 전달할 수 있는 체계를 잡도록 훈련한다.

100여 개의 문법 포인터를 중심으로 토익능력 향상을 위한 문법공부, 영어식 질문 및 답변, 비즈니스 영어까지 갖추도록 한다. 우리 학생들은 수많은 시간을 토익 공부를 위해 투자하고 있고, 또 여러 강좌를 통해 영어교육을 접하지만, 본인이 전달하고자 하는 내용을 <상황별, 주제별, 내용별>로 나누어 혹은 종합적으로 표현하는 것에 익숙하지 못하다. 따라서 문법교육과 쓰기를 재점검 후, 주제별로 접근하여 표현하도록 배치하였다. 그래서 가장 실용적인 영어쓰기 교육은 역시 실용 영문법 체계에 따라 작문을 하는 것이고, 상황에 맞는 표현을 거침없이 할 수 있을 정도로 교육한다.

비즈니스 영어표현과 현장 실무에 적합한 영어쓰기를 훈련하고 마스트 한다. 오늘날 대학교육은 실무현장에 맞도록 교육되어야 한다. 영어교육 역시 예외가 아니다. 산업 현장과 비즈니스 현장에서 실제 사용되고 연계되도록 쓰기 훈련을 해야 한다. 따라서 비즈니스 영어를 위해서 실무현장에서 사용할 수 있는 영어표현과 상황을 유도하여 쓰기 훈련을 반복하도록 한다. 이 책을 통해서 공부하는 학생들이 정말 필요한 생생한 교육이 되기를 희망해 본다.

본 저서가 준비되도록 도와주신 대학 출판부 관계자와 원고 컴퓨터 작업을 도와준 장남 상언, 차남 상민에게 진심으로 고마움을 전하고, 마지막 편집을 도와준 황진아 조교 선생에게도 감사를 표한다.

2020년 5월 30일 칠암동 연구실에서

지은이

Contents

Warm-up **01** 8품사
Warm-up **02** 문장의 성분(품사, 구와 절)
Warm-up **03** 문장의 종류

WARMUP

Warm-up 01.

8품사(I)_명사, 대명사, 동사, 접속사, *관사

Focus I bought a chair. (토마토, 35)

This month's distribution surpassed that of last month. (49)

They will defend their position. (75)

A. 8품사 (EPL, 14)

어떤 단어이든지 '품사'를 가지지 않은 단어는 없다. 또한 그 품사에 따라 그 단어의 문장 내 역할이 달라진다.

8품사: 명사, 대명사, 동사, 형용사, 부사, 전치사, 감탄사, 접속사 등이다.

[참고] 한 개의 단어가 두 개 이상의 품사를 가질 수 있으며, 뜻이 달라지는 경우가 있다.

ex address: (명) 주소 / (동사) 연설하다, 다루다.
relative: (형) 비교상의, 상대적인 (명) 친척

a. 명사: 사람, 사물, 장소 등의 이름을 나타내는 단어

명사는 모든 것에 붙는 '이름'이다. 명사는 문장 내에서 주어, 목적어, 보어 역할을 하며, 전치사와 함께 '전명구'를 구성한다. (가산명사는 단수 또는 복수형이 있다)

ex **Glass** breaks very easily. S(주어)
Can you deliver **the chair** I ordered until noon? (O 역할)
Honesty is the best policy. (C 역할)
The dog in the box didn't bark anyone. (전명구)

b. 대명사: 사람이나 사물의 이름을 대신하는 단어

인접한 문장에서 이미 언급한 명사를 다시 언급할 경우 반드시 대명사로 바꾸어 사용한다.

ex Who is he? He is John, my cousin

-지시대명사: 대상의 구체적으로 가리킬 때 쓴다 (this, these, that, those)

-인칭대명사: 사람의 이름을 대신하는 말

c. 동사

동사는 사람, 사물의 동작이나 상태를 나타내며, 문장 내에서 서술어의 역할을 한다.

-종류: be 동사(am, are, is), 일반동사(go, eat, work 등), 조동사(can, may 등)

동사는 뒤에 목적어를 수반하는 타동사와, 목적어를 수반하지 않는 자동사로 구분한다.

영어의 5형식도 이를 기준으로 분류한 것이다.

ex I **am** a student, you are a model, and he is a pilot.
I **help** my mother every day.
Prices vary **according** to the type room. (자동사)
Nobody **bought** a ticket to the opera. (타동사)

d. 접속사

'단어-단어, 구-구, 절-절'을 연결하는 역할을 한다.

양쪽을 대등하게 연결하며 병렬구조를 만드는 등위접속사(and, or, but, so, for)와

주절에 종속되는 종속절을 이끄는 종속접속사(that, when, because, although 등)로 구분한다.

e.g. Eagles can fly, **but** dogs can't (fly). (등위접속사)
While it was raining heavily, I stayed home. (종속접속사)

e. 관사(부정관사, 정관사)

① 부정관사 'a/an': '정해지지 않은 불특정한 하나/사물을 지칭하기 때문에 부정관사라 한다.

부정관사는 셀 수 있는 단수 명사 앞에 'a/an'을 붙인다.

ex Ms. Avery has requested to open account(→ an account) at bank(→ a bank) in Japan. (토익채널 242)

② 정관사 the

the는 언급하는 대상이 분명한 '특정한 그것' 또는 '바로 그것'을 나타내는 말로, 단수나 복수 명사 앞에 다 쓰일 수 있다.

구분	예시
유일한 것	**the** sun / moon, **the** earth, **the** world
수식을 받는 명사 앞	**The** files that were on the desk are missing.
시간이나 장소 표현 앞	in **the** morning[afternoon] in **the** past[present, future] / **the** front[back]
형용사의 최상급 앞	**the** most efficient way / **the** tallest building
서수 앞	**the** first[second, third] / **the** Second World War
the + 형용사=복수 보통명사	**the** young=young people / **the** old / old people **the** poor=poor people / **the** rich=rich people
the + 비교급, the + 비교급	**The** shorter the book is, **the** easier it is to read.
the + 비교급 + of the two	The latter suggestion is the better of the two.
수를 나타내는 수사어구 + of the + 명사	One of **the** files was missing. Many of **the** shops were closed during the holiday. Half of **the** research has been done.

③ 관사의 생략

식사, 운동, 계절, 교통, 통신수단, 학문명에는 관사를 생략한다.

ex Mr. Jacobs is out to have a lunch(→ lunch) with a client.
Girls seem to enjoy playing the baseball(→ baseball) more than basketball.

연습문제

※ 다음을 영어로 옮기시오.

1) 가방을 찾으려면 초록색 표지를 따라가세요. (New Toeic 238)

2) 매니저는 매달 종업원들을 면담한다. (EPL, 15)

3) 나는 Tom을 한국 식당에서 만났다.

4) 그가 들고 있는 핫도그는 나의 것이다.

5) 나는 그녀에게 다른 이유를 달라고 요구했다.

6) 올해 연례 퍼레이드 행사에서는 세계 여러 나라에서 참여하는 음악가들이 선두를 맡을 것이다. (Eye, 196)

7) 총회장은 버스로 5분 거리에 자리 잡고 있다. (관사 생략: 교통, 통신)

8) 그 신축 도서관을 설계하는 일은 그가 이제껏 맡아 일했던 일 중에서 가장 어려운 과제였다. (형용사의 최상급)

9) 금융 위원회 위원들의 거의 대다수가 새로 임명된 의장과 가까운 사람들로 교체되었다. (Eye, 198)

Warm-up 01.

8품사(Ⅱ)_형용사, 부사, 전치사, 감탄사

Focus I met a **nice** guy **yesterday**. (토마토, 20)

He will escape the prison **very soon**. (21)

The film starts **at** 6 P.M.

A. 8품사 (EPL, 16)

a. 형용사

명사의 앞이나 뒤에서 명사를 수식하거나, 보어의 자리에 위치한다

또한 형용사는 사람, 사물의 '모양, 성질, 느낌'이나 '수량' 등을 나타낸다.

ex I know the **poor** girl.
He has a **red** cap.
The boy is **cute**. (주격보어)

• such와 so

such (형용사= 아주 ~한) : such + a(an) + 형용사+ 명사

(명사가 추상명사이면 관사 없이 형용사 앞에 쓰임)

So (부사= 매우, 아주); so + 형용사 + a(an) + 명사

b. 부사

부사의 역할은 ① 동사 수식, ② 형용사 수식, ③ 다른 부사 수식, ④ 문장 전체를 수식하며, 장소, 시간, 정도, 빈도 등을 나타낸다.

ex I **completely** forgot her birthday. (동사 수식)
Your room is **quite** messy. (형용사 수식)
I studied **very** hard this time. (다른 부사 수식)
Most **importantly**, you must love yourself. (문장 전체 수식)

He was **often** very late for school. (빈도부사, 조 be뒤, 일반 앞)

[주의] 형용사는 보어가 되지만, 부사는 보어가 될 수 없다는 점

- 형용사/부사의 자리: 자리 구분하는 문제가 자주 출제됨
- ex She seems **angrily**. (×) → She seems **angry**. (○)

c. 전치사

전치사는 명사 앞에 위치하여 시간, 장소, 방향 등을 나타낸다. 따라서 전치사는 반드시 뒤에 명사를 동반한다.

'전치사+명사'는 **'전명구'**를 만들어 문장 내에서 형용사나 부사구의 역할을 한다.

ex I went **to the park** by bus **after lunch**. (방향, 방법, 시간)
I already read the books **on the shelf**. (형용사구로써 명사를 수식)
I'm not good **at sports**, but I like to watch games. (부사구로써, 형용사를 수식)

d. 감탄사: '어머나', '우와' 등의 감정을 나타냄

감정을 강조한 문장, 주로 놀라움 혹은 감탄 표출함, What 감탄문과 How 감탄문으로 대별.
(Oh, What a surprise! 어머나, 놀래라!)

① What + a(n) + 형용사+ 명사+ (주어 +동사)

e.g. He is a very wise man. → What a wise man (he is) !

② How + 형용사(부사)+(주어+ 동사)

The baby is very pretty. → How pretty (the baby is).

연습문제

※ 다음을 영어로 옮기시오.

1) 나는 그 불쌍한 소녀를 안다. (https://terms.naver.com)

2) 그는 아주 빨리 달린다.

3) 나는 기차역에서 Tom을 만났다.

4) 아이구! 그의 이름을 잊어버렸네.

5) 그녀는 약속에 늦지 않기 위해 급히 복도를 뛰었다. (관사) (New TOEIC 채널 243)

6) 호주에서는 1월은 여름이다. (관사생략) (상동)

7) Tom씨는 고객과 점심을 먹으러 나가셨습니다.

8) 대기업 공채가 지난 해에 비해 30퍼센트 감소했다. (복합명사) (New Toeic, 240)

9) 히터는 수리를 받기 위해 제조업자에게 다시 보냈다. (혼돈하기 쉬운 명사) (New Toeic, 241)

Warm-up 02.

문장의 성분_품사

Focus **She became a top model.** (토마토, 28)
I forgot **to look the door.** (29)
They found **the room empty.** (31)

A. 문장성분

'문장을 구성하는 요소'를 말하며, 이는 단어 혹은 단어들이 모여서 문장 내에서 하고 있는 역할을 말한다. 문장의 주요성분에는 4가지(주어, 동사, 목적어, 보어) 등이 있으며, 이들을 수식하는 수식어(구)가 있다.

a. 주어(S: Subject)

주어는 문장의 주체가 되는 말로, '~은(는), ~이(가)'로 해석된다. 명사의 역할을 할 수 있는 모든 어구(명사, 대명사, 명사구, 명사절 등)가 주어로 사용된다.

ex **A cup** is on the table.
To speak Korean fluently is difficult.
Meeting new people is exciting.

b. 동사(V: Verb)

주어의 동작, 상태, 성질을 나타내는 말로 '술어 동사'라고 하며, '~이다, ~하다'로 해석한다. 조동사가 사용된 경우, 조동사와 본동사를 함께 술어 동사로 취급하는 것이 일반적이다.

ex The adventure story **is** amusing. (be V)
He **looked** at my face. (일반 V)
You **must finish** your work today. (조동사+일반 V)

c. 목적어(O : Object)

주어가 어떤 대상에게 무엇을 행하는 경우, 그 대상을 목적어라 하며, '~을(를), ~에게'로 해석한다. 명사의 역할을 할 수 있는 모든 어구(명사, 대명사, 명사구, 명사절)가 목적어로 사용된다.

ex I want **to be a teacher**.

d. 보어(C : Complements)

보어는 '주어,' '목적어'의 신분, 상태, 성질 등을 보충하여 설명한다. 주어를 보충하면 '주격보어', 목적어를 보충하면 '목적격 보어'가 된다. 보어의 역할을 하는 품사는 당연히 '명사(명사보어)'와 '형용사(형용사보어)'이다.

ex **She** is **tired**.
I saw him **dancing**.

e. 수식어(M : Modifiers)

수식어는 문장 내의 주어, 동사, 목적어, 보어를 수식한다. 수식어는 단순히 수식하는 역할만을 함으로, 문장이 성립하는 데 필수 성분은 아니다.

* 형용사적 수식: 명사를 수식, 부사적 수식: 동사, 형용사, 또 다른 부사, 혹은 문장 전체를 수식한다.

ex People **who are wearing the white shirt** are our members.
(수식어-형용절), (EPL 18)

연습문제

※ 다음을 영어로 옮기시오. (EPL 19)

1) 마침내 그녀는 카펫 아래에서 열쇠를 찾았다.

2) 테라스의 테이블이 전부 차 있었다.

3) 일본 여성들은 대개 그들 남편의 성을 사용한다.

4) 우주의 미스터리는 말로 설명할 수 없다.

5) 그는 공원에서 산책했다. (EPL 18)

6) 그와 그의 눈이 마주친 뒤, 그의 얼굴은 좌절감을 느끼는 모습으로 바뀌었다. (EPL 19)

7) 그 소년은 즉시 우리의 시야에서 사라졌다.

8) 밸런타인데이에, 연인들은 로맨틱한 카드와 선물을 주고받는다.

Warm-up 02.

문장의 성분_구와 절

Focus I want to buy **a gift** for him. (명사구) (토마토, 23)

I will buy some cake **to give him**. (형용사구)

To make him happy, I bought some cake. (부사구)

A. 구

구는 단어들의 나열로, 2개 이상의 단어로 구성된 한 덩어리의 의미 단위이다.

a. 명사구

to 부정사구와 동명사구 등으로, 명사 역할(문장의 주어, 목적어, 보어) 수행

ex **Choosing a gift for him** is difficult. (명사구)

To see is to believe(부정사구)

b. 형용사구

문장 내에서 to 부정사구, 분사구, 전치사구 등으로, 형용사 역할(명사를 수식, 혹은 문장의 보어) 수행한다.

ex The advantage **of this course** is its online availability.
(명사 수식) (EPL 20)

c. 부사구

문장 내에서 to 부정사구, 분사구, 전치사구 등으로, 부사 역할(형용사를 수식, 혹은 다른 부사, 문장 전체를 수식) 수행한다.

ex I gave him chocolate **on Valentine's day**. (전명구)

B. 절

절은 '구'와 달리 '주어+ 동사'가 완벽히 갖춰진 형태로 하나의 품사역할을 한다.

두 절을 연결하는 접속사에는 등위접속사(and, but, or 등 대등한 관계로 연결하는 접사)와 종속접속사(because, although, as, if) 등 주절·종속절의 관계를 만드는 접속사가 있다. 그리고 종속절에는 명사절, 형용사절, 부사절 등으로 구분한다.

a. 등위절

두 절이 문법상 대등한 관계로, 문장에서 병렬 구조를 이룬다.

ex The Traveler looked around **and** found the maple tree.

b. 주절 / 종속절

주절에 종속되어 명사, 형용사, 부사적 역할 등 특정 역할을 하는 절을 종속절이라 한다. 종속절에는 명사절, 형용사절, 부사절이 있다.

① 명사절: 명사와 마찬가지로 문장에서 주어, 목적어, 보어의 역할을 한다.

ex I think **that she is interested in me**. (명사절) (토마토 23)

② 형용사절: 형용사와 마찬가지로 문장에서 명사를 수식하거나 보어의 역할을 한다.

ex Tell me about the person **who you respect most**. (명사 수식) (EPL 20)

③ 부사절: 부사와 마찬가지로 문장에서 동사, 형용사, 다른 부사, 문장 전체를 수식한다.

ex This dish will taste better **if you add some more fresh herbs**.
(문장 전체 수식)

C. 구 vs 절

구와 절 모두 2개 이상의 단어가 모여 하나의 의미 단위를 이룬다. (명사적, 형용사적, 부사적 역할) 그러나 절은 반드시 '주어 + 동사'의 구조지만, 구는 그렇지 않아도 됨.

연습문제

※ 다음을 영어로 옮기시오.

1) 빠르게 운전하는 것은 매우 어렵다. (EPL, 20)

2) 좋은 카메라를 선택하는 것은 초보자들에게 어렵다. (EPL, 21)

3) 이 남자가 내가 어제 TV에서 본 사람이다.

4) 그는 롤러코스트를 탄 후 어지러움을 느꼈다.

5) 의사는 그의 서비스에 대한 청구서를 나에게 보냈다.

6) 영어를 유창하게 말하는 것은 어렵다. (반석, 21)

7) 머리를 더 빨리 자라게 할 방법이 있나요? (EPL 21)

8) Maria는 우리 엄마와 아빠 사이에 조용히 앉아 있었다.

9) 배터리 수명이 다 되었기 때문에 이것은 제대로 작동하지 않는다.

10) 책상위에 있는 새 컴퓨터는 내 것이다. (토마토 22)

11) 이것이 내가 온라인에서 구입한 나의 새 컴퓨터이다. (22)

Warm-up 03.

문장의 종류(Ⅰ)_부정문 / 의문문

Focus She wasn't late this conference. (부정문) (EPL, 22)
Did Tom pay 50 dollars for the book? (의문문)
Where are you going? (의문문)

A. 부정문

a. be 동사의 부정문

be 동사 뒤에 부정어 not을 붙인다. (EPL 22)

e.g. He is **not** a famous soccer player. He was **not** a famous soccer player.
They are **not** famous soccer players. They were **not** famous soccer players.

주어	시제		
	현재형	과거형	미래형
I	**am** not('m not)	**was** not (wasn't)	**will** not **be** (won't be)
you, we, they, 복수명사	**are** not (aren't)	**were** not (weren't)	
he, she, it, 단수 명사	**is** not (isn't)	**was** not (wasn't)	

b. 일반동사의 부정문

기능조동사 do 뒤에 부정사 not을 붙인다. 기능조동사 do에 시제와 수에 변화에 따라 변화시키며 뒤따르는 일반동사 자리에는 동사원형이 온다.

e.g. Mark **doesn't like** horror movies. Mark **didn't like** horror movies.

주어	시제		
	현재형	과거형	미래형
I, you, we, they, 복수명사	**do** not (don't) + V	**did** not (didn't) + V	**will** not (won't) + V
he, she, it, 단수명사	**does** not (doesn't) + V		

B. 의문문

의문문은 주어와 (조)동사의 어순이 바뀌며, be 동사 또는 기능조동사 do를 수와 시제에 따라 변화시킨다.

e.g. **Is** Mr. Brown a dentist?
Which **is** the bus for Jongno?
Did Jane hurt her leg yesterday?
What **do** you think of the movie?

be 동사 의문문	be 동사 (not) + 주어 ~ ?
일반동사 의문문	Do / Does / Did (not)+ 주어 + **동사원형** ~ ?
일반동사 의문문	**의문사** + [be 동사 의문문] / [일반동사 의문문]?

[참고] 의문사: who(누가), whose(누구의), which(어떤, 어떤 것을), what(무슨, 무엇을, 무엇이), when(언제), where(어디서), why(왜), how(어떻게)

연습문제

※ 다음을 영어로 옮기시오.

1) Tom과 Bob은 오늘 아침에 도서관에 있지 않았다. (EPL, 23)

2) Tom은 어제 체육관에 오지 않았다.

3) Steve는 자신의 마음을 바꾸지 않을 것이다.

4) 너는 수업 첫날에 긴장했니?

5) 너는 언제 마지막으로 치과의사에게 들렸니?

6) 평소에 누가 저녁 식사 후에 설거지하니?

7) 이것은 하나의 문장이다. (평서문) (https://kim.naver.com)

8) 이 문장은 무엇에 관한 것이니? (의문문)

9) 네 나이에 맞게 행동하렴. (명령문)

10) 참 간단한 문장이구나. (감탄문)

Warm-up 03.

문장의 종류(Ⅱ)_부가의문문 / 감탄문

Focus You said you were Korea, **didn't you**? (https://blog.naver.com)

You'll join me for dinner tomorrow, **won't you**?

What brave kids they are! (EPL, 24)

A. 부가의문문, 선택의문문 (EPL, 24)

a. 부가의분분

평서문 뒤에 간단한 의문형식을 덧붙인 것으로 상대방의 동의나 확인을 구하는 의문문이다.

e.g. Mike is late today, **isn't he**?
(Mike가 늦네, 그렇지 않니?)

This is not expensive, **is it**?
(이것은 비싸지 않아, 그렇지?)

Mike got angry, **didn't he**?

Jane doesn't get up early, **does she**?

There is a park near you house, **isn't there**?

<부가의문문 만들기>

① 동사 전환: 평서문이 긍정문 → 부정 축약형, 평서문이 부정문 → 긍정 축약형으로 바꾼다.

[주의] 평서문의 동사가 일반동사인 경우, 시제나 수에 맞춰 do/does/did를 사용하고 be 동사나 조동사인 경우, 그대로 사용한다.

② 주어 전환: 평서문의 주어를 인칭대명사로 바꾼다. 주어가 원래 인칭대명사였다면 그대로 사용하나, this와 that은 it으로 바꾼다.

[주의] there + be 동사 부가의문문에서는 there를 그대로 사용한다.

[참고] 명령문과 제안문의 부가의문문

• 명령문, will you?

e.g. Shut the door, **will you?** 문 좀 닫아주세요, 그래 줄래요?

• 제안문, shall we?

e.g. Let's go on a picnic tomorrow, **shall we?**
우리 내일 소풍 갑시다! 그럴까요?

B. 감탄문, 명령문

a. 감탄문

• What + (a[an]) + 형용사 + 명사 + (주어 + 동사)! : what은 명사가 포함된 어구를 강조한다.

e.g. What a nice school (this is)! 정말 좋은 학교구나!

• How + 형용사[부사] + (주어 + 동사)! : how는 형용사나 부사를 강조한다.

e.g. How interesting my first trip was! 나의 첫 여행은 얼마나 흥미로웠던가!

b. 명령문

• (Please)+ 동사원형 ~.

e.g. Please take a good care of him. 제발 그를 잘 돌봐주세요.

• Don't + 동사원형 ~.

e.g. Don't be nervous. 긴장하지 마세요.

연습문제

※ 다음을 영어로 옮기시오.

1) 저 소년들은 어제 노래방에 갔었지, 그렇지 않니? (EPL 24)

2) 지난겨울에는 눈이 많이 오지 않았어, 그렇지?

3) 너랑 나랑은 그 영화를 즐겁게 봤지, 그렇지 않니? (EPL 25)

4) Tom과 Bob이 함께 왔었지, 그렇지 않니?

5) 네 책을 가져와 줘, 그래 줄래?

6) LA과 London 중에 어느 도시가 더 흥미롭니?

7) 정말 용감한 아이들이구나.

8) 최근에 겨울왕국 영화 봤지, 그렇지 않니? / 응, 월요일에 봤어. (https://blog.naver.com/homashim)

9) 그 책 도움이 됐지, 그렇지 않니? / 너무 도움이 됐어.

10) 내일 소풍 가자. 그렇게 할래?

[명사편]
Unit **01** 명사, 관사 | Unit **02** 대명사 | Unit **03** 형용사

[동사편]
Unit **04** 동사, 문장의 형식 | Unit **05** 일치 | Unit **06** 시제 | Unit **07** 태 / 수동태 | Unit **08** 부사

[준동사편]
Unit **09** 조동사 / 준동사 | Unit **10** 동명사 | Unit **11** 분사, 분사구문

[수식어편]
Unit **12** 전치사 | Unit **13** 접속사 | Unit **14** 관계사 / 관계대명사

[구문편]
Unit **15** 가정법 | Unit **16** 비교구문

[Reading]
Unit **17** Speech & Summing-up

UNIT

Unit 01.

명사

01 A **dog** is a faithful **animal**. (보통명사) (종합, 10)

The pen is mightier than **the sword**. (the+단수명사=추상명사)

Knowledge is **power**. (불가산명사)

A. 명사의 개념

a. 명사는 사물, 사람, 개념 등 모든 것의 이름을 뜻한다. (EPL 94)

e.g. Tom, Korea, book, love, money, experience, language, juice, etc.

명사에는, 그 이름으로 불릴 수 있는 것이 단 하나뿐인 고유명사(e.g. Seoul, Park Ji-sung)와 둘 이상 여러개 있을 수 있는 것들을 하나의 이름으로 묶어 부르는 보통명사가 있다.

고유명사는 세상에서 하나밖에 없는 것이기 때문에 그것이 무엇을 의미하는지 명확하지만, 보통명사의 경우 구체적으로 누구 또는 무엇을 가리키는지 그 수가 얼마나 되는지 등의 정보가 명확하지 않다. 따라서 보통명사를 말할 때는 해당 명사의 뜻을 더욱 명확히 나타내주는 보조표현(한정사)이 필요하다.

b. 문장에서의 쓰임

명사는 문장 내에서 주어, 목적어, 전치사의 목적어, 보어 등의 역할을 한다.

- 주어 자리: The **girl** in the picture is my sister. (동사 is의 주체인 주어 자리)
- 보어 자리: We named **the dog** Lucky. (목적어 the dog를 보충 설명하는 보어 자리)
- 타동사의 목적어 자리: She studies **English** after school. (타동사 study의 대상인 목적어 자리)
- 전치사의 목적어 자리: I've heard nothing from **him**. (전치사 from 뒤에 나오는 전치사의 목적어 자리)

B. 셀 수 있는 명사 vs 셀 수 없는 명사

명사 부분에서 중요한 점은, 어떤 명사가 '셀 수 있는 명사'로 쓰였는지 '셀 수 없는 명사'로 쓰였는지를 판별하는 것이다. 그 판별 이후에야 명사의 앞에 붙는 수식어(한정사) 나 동사와의 수 일치, 대명사의 사용 등에 올바르게 답할 수 있다. 그렇다면, '셀 수 있는 명사'와 '셀 수 없는 명사'는 어떻게 판별할 수 있을까?

- 기본적인 판별 방법

가산명사 ← yes 관사(a,an)나 복수형 어미(-s, -es)가 붙어 있는가? no → 불가산 명사

C. 명사의 실제

- **Maria** is wearing **jewelry** today.
- I bought my girlfriend a **necklace** for her birthday.
- **Karen and I** became best friends.
- My son has lots of milk in his **cereal**.
- A tour to **the moon** became possible but it cost a lot.

연습문제

※ 다음을 영어로 옮기시오.

1) 그 경찰은 그 살인범을 쫓고 있다. (종합, 10)

2) Bill은 그 컴퓨터 기술자에게 그의 망가진 컴퓨터를 고치게 했다. (EPL, 95)

3) 당황해서 내 얼굴이 빨개졌다.

4) 병원에서 나에게 휠체어를 빌려주었다.

5) 많은 시상식들이 매년 개최된다. (토마토, 37)

6) 거실은 고급스러운 가구가 갖추어져 있었다. (EPL, 95)

7) 손을 흐르는 물에 몇 초간 씻어.

8) 저 여자들과 아이들은 모두 같은 나라 출신이다.

9) 소설을 읽은 후, 많은 생각이 내 머리를 스쳐 지나갔다.

10) 달 여행이 가능해졌지만, 비용이 많이 든다.

11) 가구는 주로 나무로 만들어진다. (종합 10)

Unit 01-1.

셀 수 있는 명사

01-1 The business person owns a **factory**. (가산명사, 단수) (토마토, 34)

The business person owns **factories**. (가산명사, 복수)

The store is selling a lot of cheap but high-quality **goods**.

A. 셀 수 있는 명사(가산명사)의 단수형과 복수형 (EPL, 96)

단수형	단수형은 부정관사 a(n)을 붙여야 한다. 부정관사가 없다면, 정관사 the, 소유격 등 다른 한정사가 반드시 있어야 하며, 단독으로는 사용되지 않는다. e.g. a book, the book, my book, etc. (book (×): 가산명사의 단수형은 단독으로 쓰이지 않는다.)
복수형	셀 수 있는 명사가 둘 이상일 때, 명사는 반드시 **복수형**을 사용한다. 정관사, 소유격뿐 아니라 'many, a few, a number of' 등 수량 형용사의 수식을 받을 수 있다. e.g. books, my books, the books, many books, a few books, a number of books, etc. (a books (×): 부정관사는 명사의 복수형과 함께 쓰이지 않는다.)

※ 부정관사, 복수 어미, 가산명사 앞에 붙는 수량 형용사 등을 보고 '가산명사'임을 파악

B. 복수형 만드는 규칙

대부분의 복수명사는 어미에 -s나 -es가 붙게 되나, 다음의 규칙을 알아두자.

a bus – two buses	-s, -ss, -sh, -ch, -x로 끝나는 명사에는 '-es'
a baby – two babies	'자음 + y'로 끝나는 명사는 y를 i로 고치고 '-es'

a monkey – two monkeys	'모음 + y'로 끝나는 명사에는 '-s'
a leaf – two leaves	-f, -fe로 끝나는 명사는 –f 또는 –fe를 'v'로 바꾸고 '-es'
a hero – two heroes	'자음 + o'로 끝나는 명사에는 '-es'
a child – two children	불규칙 복수명사

C. 혼동하기 쉬운 명사들

a. 항상 복수형으로 쓰는 명사들

e.g. glasses(안경), scissors(가위), spectacles(안경), trousers(바지), socks(양말), shoes(신발) 등

• 두 짝이 하나의 제품을 이루는 경우

clothes(옷), belongings(소지품), valuables(귀중품), earnings(수입), savings(저축액)

b. 복수형으로 착각하기 쉬운 명사들 (단수형=복수형)

e.g. a headquarters (하나의 본사) - many headquarters (많은 본사)
a means (하나의 수단) - many means (많은 수단)
a species (하나의 종) - many species (많은 종)
학문·과목명 (mathematics, economics, physics, politics 등)

c. 단수일 때와 복수일 때의 의미가 달라지는 명사들

e.g. custom(관습) - customs(세관) / arm(팔) - arms(무기) / good(선) - goods(상품)

연습문제

※ 다음을 영어로 옮기시오.

1) 공항에 도착하기 전에, 우리는 먼저 세관신고서를 작성할 필요가 있다. (EPL 97)

2) 청중은 많았다. (종합, 10)

3) Rogers 여사는 자신의 트렁크에 많은 소지품을 싸서 공항으로 떠났다. (EPL 97)

4) 저의 당좌예금계좌에 있는 돈을 저축예금계좌로 이체할 수 있나요?

5) 그는 천천히 안경과 신발 같은 자신의 소지품을 챙겨서는 사무실을 나섰다.

6) 그녀의 평상시 직업은 쇼윈도에 상품을 진열하는 것이다.

7) Clara는 경제학을 거의 이해하지 못하는 듯 보인다.

8) 그 재단은 1961년 이래로 아프리카의 동물 몇몇 종들을 구조해오고 있다.

9) 우리 가족은 대가족이다. (Toeic, 620, 135)

10) 이 두 복사기 사이에는 정말 현저한 차이가 없다.

11) 테이블은 하나의 가구이다. (종합, 10)

Unit 01-2.

셀 수 없는 명사

01-2 **Furniture** is chiefly made of wood. (종합, 10)

She bought a pound of **sugar**.

I bought some bottles of mineral **water**. (EPL, 98)

A. 토익에 자주 등장하는 셀 수 없는 명사(불가산명사) (EPL, 98)

a. 셀 수 없는 명사들에는 몇 가지 특징이 있다. 전체를 총칭하는 어휘, 제품의 재료(물질), 액체나 가스 종류, 추상적인 개념 등이 주로 셀 수 없는 명사가 된다.

e.g. furniture, glass, paper, air, water, butter, honesty, information, advice, machinery

b. 불가산명사는 개수를 판단할 수 없는 명사이므로, '하나'라는 기본개념을 가지고 있는 부정관사 a(n)의 수식을 받을 수 없으며, '복수형' 역시 취할 수 없다.

반드시 기억해야 할 불가산명사

advice, information, money, news, furniture, mail, luggage(baggage), equipment, evidence, -(e)ry

e.g. a bread(×), breads(×), a homework(×), homeworks(×), an advice (×), advices (×), etc.

e.g. They are checking the **equipment**. (불가산명사)(토마토 34)

B. 셀 수 없는 명사의 수량 표현

셀 수 없는 명사는 그것을 담는 용기(container)나 모양 또는 단위명사를 붙여서 표현한다.

e.g. a cup of coffee[tea] : 한잔의 커피[차], two cups of coffee[tea] : 커피 두 잔[차]
a piece[sheet] of paper : 종이 한 장, two pieces[sheets] of paper : 종이 두 장
a pound of meat[sugar] : 1파운드의 고기[설탕], 2 pounds of meat[sugar] : 2파운드의 고기[설탕]

C. 가산명사 취급되는 경우

특정 명사를 셀 수 있는 명사 혹은 셀 수 없는 명사라고 단정 지어 생각하지 말자. 상황에 따라 하나의 명사가 셀 수 있는 명사가 될 수도 있고 셀 수 없는 명사도 될 수 있다.

a. 물질명사의 경우

재료는 셀 수 없지만, 제품은 셀 수 있다.

e.g. I need some **paper** to write on. (종이) 나는 쓸 종이가 약간 필요하다.
I bought **a paper** this morning. (신문) 나는 오늘 아침에 신문을 샀다.

b. 추상명사의 경우

추상명사도 구체적으로 한정하여 말할 때 셀 수 있다.

e.g. The company wants someone with **experience** for this field.
(일반적인 의미의 경험)
그 회사는 이 분야에 대한 경험이 있는 사람을 원한다.
She had **a wonderful experience** yesterday. (어제 있었던 '특정한' 경험)
그녀는 어제 굉장한 경험을 했다.

c. 고유명사의 경우

e.g. the two Koreas (한국이 분단된 상황에서 남한, 북한 두 한국)
a Picasso (피카소의 작품)

연습문제

※ 다음을 영어로 옮기시오. (EPL 97)

1) 그들은 여러 대의 장비를 점검하고 있다. (토마토, 34)

2) 그 아파트의 침실과 거실에는 우아한 가구가 놓여 있다. (EPL, 97)

3) 우리가 지난주에 주문한 최신 장비는 아직 도착하지 않았다.

4) 만약에 그것에 관해 더 많이 알고 싶다면, 당신은 변호사로부터 조언을 구할 수 있다.

5) 내가 짐을 카트에 싣는 동안 두 남자는 가구를 트럭에 싣고 있었다.

6) 그 남자애들은 게임을 마친 후, 물 두 잔을 마시고 싶어 했다.

7) 그 보고서들은 왜 그 회사가 M&A 시장에서 그토록 활발했는지에 대한 증거가 됐다.

8) 국경일 이후에는 항상 우편물이 많다. (토익 620, 137)

9) 나이가 들면서 많은 사람들이 시력 결함을 교정하기 위해 안경을 필요로 한다. (136)

Unit 01-3.

관사(I)

01-3 Give me **a** pear and **an** apple. (종합 44)

I write to her twice **a** week.

I have **a** dog. **The** dog is clever. (EPL, 100)

A. 관사의 개념

a. 관사

해당 명사가 한 개인지 아닌지, '일반적인 것'인지 '특정한 것'인지 등 명사와 관련한 정보를 전달한다.

b. 관사에는 부정관사와 정관사가 있으며, 기본적인 차이는 다음과 같다.

① 지칭하는 대상을 서로 알고 있는가?

② 특정한 것인가?

the	⇦ Yes	①②	No ⇨	**a/an (단수명사)** 무관사(복수명사 / 불가산명사)

e.g. Open **the window**, please. 그 창문을 열어주세요. (특정한 창문)

Open **a window**, please. 창문을 열어주세요. → (정해지지 않은 하나의 창문)

e.g. I like to read **the book**. 나는 책 읽기를 좋아한다. (특정한 책)

I like to read **a book**. 나는 책 읽는 것을 좋아한다. (일반적인 책)

B. 부정관사 a / an

a. 부정관사의 의미

• 기본적인 의미: 어떤 대상을 처음 언급하는 것으로, 이미 정해진 대상이 아닌 '불특정한 하나'를 뜻한다.

e.g. Do you need **an umbrella**? (특정한 우산이 아닌 불특정한 우산 중 하나)

• 기본적인 의미 외에 특별한 의미가 있기도 한다.

의미	예문
하나의 (=one)	I stayed there for **a week**. 나는 일주일 동안 거기에 머물렀다.
~마다 (=per)	You're driving at ninety miles an hour. 당신은 시속 90마일로 운전하고 있다.
같은 (=the same)	We are of **an age**. 우리는 같은 나이다.

b. a와 an의 구별

• 원칙적으로 자음 앞에는 a를 쓰고, 모음 앞에는 an을 쓴다.

e.g. a dog / a child / an apple / an idea

[주의] 철자가 아닌 발음이 기준이 된다.

e.g. a university – an umbrella, an hour – a house

연습문제

※ 다음을 영어로 옮기시오.

1) 여우는 교활한 동물이다. (종합, 44)

2) 나는 여기에 미국인 친구 한 사람이 있다.

3) 런던은 영국의 수도이다.

4) 우리는 어젯밤에 음악회에 갔다. 그 음악은 아주 좋았다. (EPL, 97)

5) 너는 이 사진 속의 소녀들을 아니?

6) 그 질문을 다시 해 주실 수 있겠습니까?

7) 우리는 우리 호텔 앞의 해변을 따라 걸었다.

8) Jack은 일 년에 5,000달러를 번다.

9) 그는 MP3를 쥔 채 편안하게 앉았다.

10) 깃이 같은 새는 끼리끼리 모인다. (유유상종) (종합, 45)

Unit 01-4.

관사(Ⅱ)

01-4 I bought **a** jacket and **a** shirt. **The** jacket was cheap. (EPL, 103)

Sugar is sold by **the** pound. (종합, 44)

The sun is much larger than **the** moon.

A. 정관사 the

a. 기본적으로 '특정한 것'을 의미하며, 가산명사의 단복수형과 불가산명사 모두에 붙는다.

• 서로 알고 있는 대상을 언급하는 경우

Can you pass me **the salt**, please? -Sure. (앞서 언급한 것)

I had **an apple** and **an orange**. I ate **the apple** and I gave **the orange** to my sister.

• 수식어구가 붙어 명사를 한정하는 경우

The flowers in that vase are beautiful. 저 꽃병에 있는 꽃들은 아름답다.

• 세상에 하나뿐인 유일한 개체

The earth moves around **the sun**. 지구는 태양 주위를 돈다.

b. 그 외 정관사를 쓰는 경우는 다음과 같다. (단수, 복수 명사 앞에 다 쓰임)(New Toeic, 242)

유일한 것	the sun(moon), the earth, the world
서수 앞	the first time, the fifth floor

최상급 앞	the highest mountain, the most famous actor
the + 복수명사 = 전체	the Koreans (한국 사람 전체), the Obamas (오바마 가족들)
the + 형용사 = 복수명사	the old (노인들), the blind (시각장애인들)
시간이나 장소 표현 앞	in the morning(afternoon), in the post(future)

B. 관사를 쓰지 않는 경우

a. 일반적 의미의 불가산명사나, 가산명사의 복수형 앞에는 관사가 오지 않는다.

e.g. **Good food** keeps us healthy and adds **pleasure** to our lives.
좋은 음식은 우리를 건강하게 하고, 우리의 삶에 즐거움을 더해준다.
Doctors are concerned with health of their patients.
의사들은 자신 환자들의 건강을 걱정한다.
I like **flowers**. 나는 꽃을 좋아한다.

b. 그 외 관사를 사용하지 않는 경우는 다음과 같다.

본래의 목적을 나타내는 경우	e.g. I go to **school** by bus. (학교의 본래 목적인 수업을 듣기 위함) 나는 버스를 타고 학교에 간다. c.f. She went to **the school** to see her son. <건물> 그녀는 자기 아들을 보기 위해 학교에 갔다.
식사, 운동, 이름 앞	e.g. What's for **dinner** today? 오늘 저녁은 뭐에요? c.f. 식사 이름 앞에 형용사가 오면 관사 사용 가능 (e.g. a nice dinner)
by + 교통수단	e.g. He travelled all over Europe **by train**. 그는 기차를 타고 전 유럽을 여행했다.
학문 이름 앞	e.g. He majored in **literature**. 그는 문학을 전공했다.

연습문제

※ 다음을 영어로 옮기시오.

1) 너는 여기에 어떻게 왔니? 걸어왔니? / 아니, 택시를 탔어. (EPL, 102)

2) 너는 비행기로 자주 여행하니?

3) 그것은 좋은 생각인 것 같다.

4) 우리는 어젯밤에 아주 맛있는 식사를 했다. 생선 요리가 아주 좋았다.

5) 아침 식사가 준비되었다. (종합, 46)

6) 책 분량이 적은 책일수록, 읽기가 쉽다. (New Toeic, 242)

7) Jacobs씨는 고객과 점심식사를 하러 나갔다.

8) 여러분이 얻는 모든 기회를 활용해야 한다.

Unit 02.

대명사_인칭대명사

02 Miss Lee left **her** briefcase in the meeting room. (해커스, 98)

Maria will consider all the applications before making **her** decision.

I borrowed a book of **my** teacher's.

A. 인칭대명사의 개념 및 종류 (EPL, 103)

어떤 사람이나 사물을 다시 지칭할 때, 명사를 그대로 다시 쓰지 않고 인칭대명사로 대체함.

e.g. I saw Tom dancing on the street, but **Tom** didn't see me. (×)

⇨ I saw Tom dancing on the street, but **he** didn't see me. (○)

a. 인칭대명사는 수(단수/복수), 인칭, 문장 내 쓰임새에 따른 격(주격, 목적격, 소유격)에 따라 변화한다. 1인칭은 말하는 사람(I), 2인칭은 듣는 사람 (you), 3인칭은 화제에 오른 제3자 (he, she, it)이다.

수	인칭	주격(~은/이) 주어자리: 동사 앞	소유격 (~의) 명사 앞	목적격 (~을/를) 목적어 자리: 타동사, 전치사 뒤	소유대명사 (~의 것) 주어, 보어, 목적어 자리
단수	1인칭	I	my	me	mine
	2인칭	you	your	you	yours
	3인칭	he, she it	his, her its	him, her it	his, hers -
복수	1인칭	we	our	us	ours
	2인칭	you	your	you	yours
	3인칭	they	their	them	theirs

e.g. Se-ho likes me. → **He** likes me. (주어 자리)
I like Jane. → I like **her**. (목적어 자리)
She goes to school with Tom. → She goes to school with **him**.
(전치사의 목적어)
I like the book. → I like **it**. (단수)
I like the books. → I like **them**. (복수)

b. 소유대명사를 소유격과 혼동하지 않도록 주의해야 한다. 소유격은 마치 형용사처럼 명사 앞에 쓰이지만, 소유대명사는 '소유격+명사'의 의미로서 명사가 올 수 있는 자리(주어, 목적어, 보어 등)에 쓰인다.

e.g. Your watch is nice. **Mine**(=my watch) is not.
Whose toys are these? - They are **hers** (=her toys).
The book is yours(=your book).

c. 명사의 소유대명사는 명사의 소유격과 그 형태가 같다.

e.g. The wallet on the table is **Mary's**(=Mary's wallet).
그 테이블 위의 지갑은 Mary의 것이야.

연습문제

※ 다음을 영어로 옮기시오.

1) 관리자로서, 당신은 모든 직원들에게 규칙을 상기시킬 필요가 있다. (해커스, 99)

2) Mr. Park이 공연을 한 이후에 관객들은 그를 격찬했다.

3) 그의 주소를 기억하니? (EPL, 105)

4) 그것들은 그의 고양이다.

5) Ms. Kwan은 그녀의 것보다 Mr. Bates의 새 사무용 가구를 더 좋아한다고 말했다. (해커스, 99)

6) 그 사건에 대한 그의 진술은 그녀의 것(=진술)과 일치하지 않았다. (EPL. 105)

7) 우리 집이 Marco의 집보다 도서관에 훨씬 더 가깝다.

8) Rose는 직원들에게 밖에 주차된 빨간 차가 그녀의 것이라고 말했다. (해커스, 99)

9) 그는 그의 몇몇 친구들에게 편지를 쓰고 있다. (종합, 62)

Unit 02-1.

대명사_지시대명사

02-1 The population of America is much larger than **that** of Korea.
Those who like borrowing dislike paying. (종합, 62)
The reputation of the London office is far better than **that** of any other branch in Europe (해커스, 100)

A. 지시대명사 this, that

a. 지시대명사는 '이것', '저것'을 가리키는 대명사로 **this**와 **that**이 있다.

단수		복수	
이것, 이 사람	this	이것들, 이 사람들	these
저것, 저 사람	that	저것들, 저 사람들	those

b. this나 **that**의 경우 '형용사'로의 쓰임이 가능하다.

e.g. This is my book. Those are your books. (명사 자리) (이것, 저것들)
This book is mine. Those books are yours. (명사를 수식하는 형용사 자리)
이 책들은 내 것이야. 저 책들은 너의 것이야.

[주의] this나 that은 단수명사를 수식하고, these나 those는 복수명사를 수식한다.

e.g. this book – these books, that book – those books

c. this와 that의 의미 차이는 다음과 같다.

this / these	that / those
①말하는 사람과 가까이 있는 사람이나 물건을 지칭 e.g. Get **this** bug off my shoulder 내 어깨에서 이 벌레 좀 떼어줘.	①말하는 사람과 (멀리) 떨어진 사람이나 사물을 지칭 e.g. Get **that** bug off the wall. 벽에서 저 벌레 좀 떼어 내줘.
②막 시작되려고 하거나 현재진행 중인 상황이나 사건을 지칭 e.g. Watch **this**. You'll like it. 이것 봐. 네가 좋아할 거야.	②막 끝났거나 과거의 상황이나 사건을 지칭 e.g. Who said **that**? 누가 그렇게 말했니?

d. 대명사의 기능을 하면서 '후치 수식을 받을 경우' 사용되는 that/those의 쓰임도 중요함. 전치사구, ~ing, p.p 등 형용사구나 형용사절의 후치 수식을 받는다.

e.g. The color of this furniture is brighter than that of my mom's.
(선행사가 단수이므로 that) (= the color of my mom's)
이 가구의 색은 엄마의 가구 색보다 더 밝다.
Korean growth of patterns resemble those of Western nations.
(선행사가 복수이므로 those) (growth patterns of Western nations)
한국의 발전 형태는 서구 국가의 발전 형태와 닮았다.

[주의] 단, 대명사의 기능을 하면서, 전치 수식을 받는 경우는 that/those가 아닌 one/ones를 쓴다.
If you think your smoke alarms are more than 10 years old, replace them with new ones.
만약 화재감지기가 10년이 넘었다고 생각되면, 새 화재감지기로 교체하세요.

연습문제

※ 다음을 영어로 옮기시오.

1) 오늘날 남극 대륙에는 아르헨티나의 연구기지를 포함하여 30개가 넘는 연구기지가 있다. (EPL, 107)

2) 한 가지 사실은 공룡의 성장패턴인데, 이는 오히려 온혈 포유류의 성장패턴에 가깝다.

3) 당신의 작품이 그녀의 작품보다 낫다.

4) 토요일에 일하는 사람들은 추가 휴가를 받을 자격이 있다. (해커스, 100)

5) 그 안내서들은 이미 두 번 갱신되었다. (100)

6) 이 전문성 개발 세미나는 직원들의 자신감을 증진시킬 것이다. (100)

7) 이 과제가 우리 자신의 노력으로 완수돼야 한다는 것은 중요하다.

8) 미국인들의 삶의 방식은 한국인의 그것(삶의 방식)과 다르다.

9) 너 소파 바꿨구나. 내 생각엔 이전 것이 더 나은 것 같긴 하지만.

Unit 02-2.

대명사_It의 다양한 쓰임

02-2 **It** is difficult to learn English. (Toeic 620, 134)

I found **it** difficult to learn English.

It is no use crying over spilt milk.

A. 지시대명사 it

앞서 등장한 단수 명사, 구, 절 등을 가리킬 때, it이 대명사 기능을 하게 된다.
이때 it은 '(바로) 그것'이라고 해석한다.

e.g. I cannot find my pen that my father bought me last year.
Have you ever seen **it**?
(it = 앞에 있는 명사 'my pen'을 지칭)
Jack and I had tried to finish our project by this evening, but we found **it** impossible. (it = 앞에 있는 구 'to finish our project by this evening'을 지칭)
Jack과 나는 오늘 저녁까지 프로젝트를 끝내려고 노력했었다.
하지만 우리는 그것이 불가능함을 알았다.
Although Tom insisted that he really studied hard for the final exam, I can't believe **it**.
(it = 앞에 있는 절 'that he really studied hard for the final exam'을 지칭)

B. 비인칭 주어 it

a. it은 날씨, 시간, 거리, 계절, 명암 등의 표현에서 주어로 쓰인다. 이때의 **it**을 비인칭 주어라 한다. it은 명사를 대신하는 것이 아니라 관용적으로 쓰인 것으로 따로 해석하지 않는다.

e.g. **It** rains a lot here. (날씨, 기온)
여기에는 비가 많이 내린다.

It's eight o'clock. (시각)
여덟 시야.

It's dark inside. (명암) (안쪽이 어두워)	**It's** summer. (계절) (여름이야)
It's December 20th. (날짜) (12월 20일이야)	**It's** 20 kilometers. (거리) (20km야)

b. 지시대명사 vs 비인칭 주어 it

it을 '그것'이라고 해석 시 어색할 경우, 그 it은 비인칭 주어 it으로 생각하면 된다.

C. 가주어, 가목적어 it

a. 기주어 it

문장 내에서 주어 역할을 하는 부정사구, 동명사구, that 절, 의문사절 등을 대신한다.

e.g. **It**'s almost impossible to take pictures in here.
It is not important to me whether she comes or not.
It was true that I was in love with her.

b. 가목적어 it

문장 내에서 목적어 역할을 하는 부정사구, 동명사구, that절 등을 대신한다.

e.g. My sister made **it** a rule **to get up at six in the morning**.
내 여동생은 아침 여섯 시에 일어나는 것을 규칙으로 삼았다.
She found **it** easy **to understand his expression**.
그녀는 그의 표현을 이해하기가 쉽다고 생각했다.
I think **it** highly unlikely **that he would ever betray us**.
나는 그가 우리를 배신할 가능성이 매우 낮다고 생각한다.

연습문제

※ 다음을 영어로 옮기시오.

1) 우리 누나가 내 생일 선물로 책을 사주었지만, 나는 그걸 어디 두었는지 기억이 나지 않는다. (EPL, 109)

2) 나는 저녁 5시 이후로는 아무것도 먹지 않는 것을 늘 원칙으로 해왔다.

3) 심각한 경제 위기에서 회복한 후, 그 노동조합은 이제 예전보다 더 많은 수입을 번다.

4) 매일이 그해의 마지막 날이라고 네 마음에 써라.

5) 엎지른 우유를 두고 울어본들 소용없다. (종합, 62)

6) 그가 여기 올 것은 확실하다. (62)

7) 그가 화를 내는 것도 당연하다고 생각했다. (62)

Unit 02-3.

대명사_재귀대명사

02-3 Susan considered **herself** to be the best person for the marketing position.
The president **himself** gave the presentation to the new buyers.
Mr. Lee has to train the new employees by **himself**. (해커스, 100)

A. 재귀대명사의 개념 및 형태 (EPL, 110)

재귀대명사는 '인칭대명사 + self[selves]'의 형태이며, '~자신, ~자체'의 의미이다. 주어가 한 행동의 대상이 주어 자신이 되거나 (주어 = 목적어), 주어 또는 목적어를 강조하고자 할 때 재귀대명사를 쓴다.

e.g. He saw him in the mirror.
(주어와 다른 사람 → 그는 거울 속에서 그(제3자)를 보았다.)
He saw **himself** in the mirror.
(주어 = 목적어 → 그는 거울 속에서 그 자신을 보았다.)

수	주어	재귀대명사	수	주어	재귀대명사
단수	I	myself (나 자신)	복수	we	ourselves (우리 자신)
	you	yourself (너 자신)		you	yourselves (너희들 자신)
	he	himself (그 자신)		they	themselves (그들 자신, 그것들 자체)
	she	herself (그녀 자신)			
	it	itself (그것 자체)			

B. 재귀대명사의 용법

a. 재귀 용법

주어와 목적어가 같은 대상일 때 목적어 자리에 재귀대명사를 쓴다.

e.g. The painter drew **himself**. (그림을 그린 주체 (주어) = 대상 (목적어))
그 화가는 자신을 그렸다.

[참고] 목적어 역할을 하므로 생략하면 문장이 성립하지 않는다.

b. 강조 용법

문장 중의 주어, 목적어를 강조한다. 강조하는 명사의 성, 수, 격에 알맞은 재귀대명사를 사용하는데, 강조하는 말 바로 뒤 또는 문장 끝에 쓴다.

e.g. You can do it (**yourself**). <주어 강조> 너의 (스스로) 그것을 할 수 있다.

[참고] 생략하면 강조의 의미만 사라질 뿐, 문장은 성립한다.

C. 관용적 표현

a. for oneself (스스로)

e.g. Jenny and her brother made their homepage **for themselves**.
Jenny와 그녀의 오빠는 그들 스스로 홈페이지를 만들었다.

b. by oneself (혼자서)

e.g. Did Robinson Crusoe survive **by himself**?
로빈슨 크루소는 홀로 살아남았니?

c. of itself (저절로)

e.g. The door opened **of itself**. 그 문이 저절로 열렸다.

d. 기타

make oneself at home (편히 쉬다), talk to oneself (혼잣말하다), seat oneself (앉다), enjoy oneself (즐겁게 보내다), make oneself understood (자기 말을 남에게 이해시키다), help oneself to ~ (~자유로이 먹다)

연습문제

※ 다음을 영어로 옮기시오.

1) 건설회사는 새로운 공급업체를 선정함으로써 많은 돈을 절약했다. (해커스, 100)

2) Mr. Solomon은 혼자 사업을 운영하기 위해 자신만의 제과점을 매입하기로 결정했다. (100)

3) 아기들은 자신을 돌볼 수 없다. 그래서 엄마들이 보통 그들을 돌본다. (EPL, 111)

4) 이 사진들을 네가 직접 찍었니?

5) 많은 사람이 겨울에 빙판 위에서 미끄러지고 다친다.

6) 그녀는 자신을 변장하고 싶어서 남자 옷을 입었다.

7) 사람들은 산에서 아름다운 꽃을 발견하면, 때때로 그것들을 집으로 가지고 온다.

8) 하늘은 스스로 돕는 자를 돕는다. (Toeic 620, 133)

9) 한국의 인구는 일본의 인구보다 적다.

10) Jimmy는 그 저택을 완전히 혼자 디자인해서, 상당한 돈을 절약했다. (EPL, 111)

11) 부장이 회의를 주재할 것이다. (New Toeic, 249)

12) 그녀가 직접 서류의 틀린 부분을 모두 고쳤다.

13) 경찰관은 자신의 신분을 밝히며 사람들의 협조를 요청했다.

14) 그는 집중하고 있을 때 항상 혼잣말을 한다.

[The Current Top 10 Names for Girls]

Every year, the Social Security Administration (SSA) releases a list of the most popular baby names from the previous year, and the numbers are out for 2018. These were the top ten names for girls: (www.goodhousekeeping.com/life/parenting/g25336854/most-popular-baby-names-2019)

1. Emma 2. Olivia 3. Ava 4. Isabella 5. Sophia 6. Charlotte
7. Mia 8. Amelia 9. Harper 10. Evelyn

Unit 02-4.

대명사_부정대명사(Ⅰ)

02-4 **Some** of the desks the purchasing department ordered are for the new office.

Ms. Greene offered the team some advice on the presentation.

The store does not have **any** of the ink cartridges left. (해커스, 101)

A. 부정대명사의 개념

a. 부정대명사는 어떤 특정한 명사를 대신하는 것이 아니라 불특정한, 즉 정해지지 않은 명사를 대신하거나, 일정하지 않은 수량을 나타내는 대명사이다. 부정대명사는 단독으로 쓰이기도 하지만, 명사 앞에 쓰여 그 명사를 한정하는 수량 형용사처럼 쓰이기도 한다.

b. 지시대명사 vs 부정대명사

지시대명사는 특정한 명사를 대신하는 것이고, 부정대명사는 불특정한 명사를 대신 하는 것이다.

e.g. I lost my pencil. I have to find it. 나는 연필을 잃어버려서 그것을 찾아야 한다.

I lost my pencil. I have to buy one. 나는 연필을 잃어버려서 하나를 사야 한다.

B. some vs any

some	정확하게 어느 정도의 수나 양인지 말하기 어려울 때 사용되는 **대명사**이면서 **수량 형용사**다. e.g. There were **some** mistakes in your paper. 너의 논문에는 약간의 실수들이 있었다.

any	부정문에서 명사의 수나 양이 거의 '없다'라는 의미일 경우뿐 아니라, 긍정문에서 **명확하게 범위를 잡을 수 없는 경우**에 사용되는 대명사이면서 수량 형용사다. (이때 any는 보통 '어떤','무엇이든지'라는 의미로 해석될 수 있다.) e.g. Any student knows it. (어떤 학생이라도, 모든 학생) (긍정문) 어떤 학생이라도 그것을 안다.

some은 어느 정도의 수나 양이 확실히 '있음'을 나타내므로 주로 긍정문이나 권유하는 의문문과 어울리지만, 확실치 않거나 '없음'에 가까운 의미를 나타내는 any는 주로 부정문이나 의문문과 어울린다.

e.g. I bought some bananas yesterday. (긍정문) 나는 어제 바나나 몇 개를 샀다.
Would you like some ice cram? (권유문) 아이스크림 드시겠어요?
I don't have any idea about what's going on. (부정문)
나는 현재 일어나는 상황에 대해 잘 모르겠다.
Do you have any special interests or habits?
(의문문) 특별한 관심거리나 취미가 있나요?

C. all, every, each 비교

all vs every	all은 하나하나 끌어모은 '전부'를 의미하여 **all 다음에는 '복수명사'가 온다**. 한편 every는 '전부'를 구성하는 구성원 하나하나를 의미하는 것으로 **every 다음에는 '단수명사'가 온다**. e.g. **All** the students in my class **are** kind. 우리 반의 모든 학생은 친절하다. **Every** student in my class **is** kind. 우리 반 각각의 학생들은 친절하다.
every vs each	주어 자리에 **each나 every가 포함되는 경우는 단수 취급한다**. every는 단독으로 주어 자리에 올 수 없지만, each는 수량 형용사이면서 대명사이므로 단독으로 주어 자리에 올 수 있다. e.g. **Every** (of them) **has** a smartphone. (×) **Each** (of them) **has** a smartphone. (○) 그들은 각각 스마트폰을 가지고 있다.

연습문제

※ 다음을 영어로 옮기시오.

1) 그 의사는 그녀에게 이번 주 주말 동안에 해야 할 것들을 주었다. (EPL, 113)

2) 그들은 지난달에 이 책 중에 어떤 것도 읽지 않았다.

3) 차 좀 주실래요? (Toeic 620, 133)

4) 어떤 소년이라도 그것을 할 수 있다.

5) 내 카메라에 잘못된 것이 있나요? (EPL, 113)

6) 그 펜들은 각각 1000원이다.

7) 승객들이 도착 시간에 대한 어떤 질문이 있다면, 공항에 연락하면 된다. (해커스, 101)

Unit 02-5.

대명사_부정대명사(Ⅱ)

02-5 The previous digital copier broke down, so the coordinator purchased a new **one**. (해커스, 101)

One of the conventions will be held in Miami. **Another** will be in Atlanta.

The company's internet service is less expensive than **other** service.

A. other, another (EPL, 114)

a. other는 '다른'을 의미하는 형용사로 단독으로 쓰이지 않는다.

other + 복수명사 = others	We should be kind to **others**. (Toeic 620, 134) 다른 사람들에게 친절해야 한다.
the other (나머지 하나)	**One** is for children. **The other** is for adults only. 하나는 아동용이다, 나머지 하나는 성인전용이다.
the other + 단수 명사	I don't know who **the other** book belongs to. 나는 나머지 한 책이 누구의 것인지 모른다.
the others (나머지 모두)	One boy fell of his chairs and the others laughed. 한 소년이 의자에서 넘어졌고 나머지 소년들은 웃었다.

b. another는 an+other로 '(불특정한) 다른 하나'라는 의미의 명사이며, 형용사로 쓰이면 단수 명사가 뒤따른다. 또한 앞에 나온 명사에 추가하여 '하나 더'라는 의미로도 쓰인다.

e.g. You look like **another** person today. (다른) 너 오늘 다른 사람 같아 보여.
How about **another** glass of juice? (또 하나(의)) 주스 한잔 더 어때?

B. both, either, neither

a. both는 '둘 다, 둘 다의'라는 뜻이다.

e.g. **Both** are pretty. / **Both girls** are pretty. 둘 다 예쁘다. / 두 여자 모두 예쁘다.
Both Jane **and** Maggie went to the party.
Jane이랑 Maggie 둘 다 그 파티에 갔다.

b. either는 '둘 중에 하나만'이라는 뜻이다.

e.g. **Either** skirt is okay. 두 치마 중 어떤 치마라도 좋다.
Either tea **or** coffee is fine with me. 차든 커피든 둘 중 하나면 나에겐 좋아.

c. neither는 not either가 합쳐져서 '둘 다 아닌'이라는 뜻이다.

e.g. **Neither man** is my father. 두 남자 모두 나의 아빠가 아니야.
Neither Jane **nor** Maggie went to the party.
Jane과 Maggie 둘 다 그 파티에 가지 않았다.

C. most, no, none

a. most는 전반적인 것을 나타내며 '대부분(의)'이라고 해석한다.

e.g. **Most** children like to play. 대부분 아이는 놀기를 좋아한다.

b. no는 명사 앞에 쓰여서 '아무것도 없음'의 의미를 더한다.

e.g. There are **no children** here. = There are not any children here.
여기에는 아이들이 아무도 없다. (no 명사 = not ~ any + 명사)

c. none은 no 뒤의 명사가 문맥에서 계속 나오거나 굳이 언급할 필요가 없을 때 쓰인다.

e.g. How many books are on the shelf? - **None** (=No books)
선반에 책이 몇 권 있나요? - 아무것도 (없어요).

연습문제

※ 다음을 영어로 옮기시오.

1) 어떤 사람들은 그들이 젊었을 때 결혼하는 것을 선호한다. 그리고 어떤 사람들은 몇 년 더 기다리기를 선호한다. (EPL, 115)

2) 나는 내가 언급했던 그 영화 중에 어떤 것도 보지 못했다.

3) John과 Tom은 다 신뢰할 만하다.

4) 이 사이트에서 우리가 원하는 정보는 아무것도 없다. 다른 것을 찾아보자.

5) 차 한 잔을 더 해도 될까요? (Toeic 620, 134)

6) 배우는 것과 가르치는 것은 별개의 문제이다.

7) 귀사의 대리점에 있는 한 직원은 우리에게 할인된 요금을 제안했지만, 다른 한 직원은 우리가 전액을 지불해야 한다고 말했습니다. (New Toeic, 250)

Unit 03.

형용사_수량 형용사

03 **Every** member of the team will submit a monthly progress report.

In **many** reviews, critics reported how spectacular the author's new book was.

The janitor noticed **a little** water leaking from the pipes. (해커스, 107)

A. 수량 형용사의 종류 (EPL 116)

a. 수량 형용사는 셀 수 있는 명사와 셀 수 없는 명사에 따라 다르게 사용된다.

e.g. There are **many** books on the shelves that I haven't yet read.
내가 아직 읽지 않은 책들이 선반에 많다.

You should have sent the letter a **few** weeks ago.
너는 그 편지를 몇 주 전에 보냈어야 했는데.

She used to complain that country life gave her **few** opportunities to meet people.
그녀는 시골 생활을 하면 사람들을 만날 기회가 거의 없다는 것을 불평하곤 했다.

My mom prepared too **much** food; it was difficult to eat it all.
엄마가 음식을 너무 많이 준비하셔서, 다 먹기가 어려웠다.

They spent a **large** amount of money on their son's wedding.
그들은 아들의 결혼식에 많은 돈을 썼다.

Their homes were small, wet, and cold, and had **little** furniture.
그들의 집은 작고 습하고 추웠으며 가구가 거의 없었다.

셀 수 있는 명사 앞		셀 수 없는 명사 앞 (불가산명사)	공통 (가산, 불가산명사 앞)
단수명사 앞	복수명사 앞		
each (각각의) every (모든)	many, a(great, good, large) number of (많은)	much a (great, good, large) amount [deal] of	a lot of, lots of, plenty of
	a few (약간 있는)	a little	some, any
	few (거의 없는)	little	
	both, a couple of several, every, each		all, most, no

b. a few, few, a little, little의 의미 차이

a few vs few		
a few 조금 있다.		XXX few 거의 없다.

a little vs little		
a little 조금 있다.		XXX little 거의 없다.

연습문제

※ 다음을 영어로 옮기시오.

1) Leland Supplies사는 모든 주문에 대해 무료 배송을 제공한다. (해커스, 107)

2) Maria는 꽤 많은 일자리를 제안받았다. (EPL, 117)

3) 그것은 몹시 어려운 테스트였고, 그것을 통과한 학생은 거의 없었다.

4) 나는 미국의 많은 도시를 방문하고 싶다.

5) 네 선생님은 보통 숙제를 얼마나 많이 내주시니?

6) 너의 영어는 아주 정확하다. 너는 실수를 거의 하지 않는다.

7) 우리는 그곳에서 좋은 경험을 많이 가지지 못했다.

8) DVD 플레이어 신제품의 오작동이 거의 없다고 보고되었다. (토마토, 62)

9) 몇몇 직원들이 파업 첫날 파업 경계선을 넘어갔다. (Toeic 620, 136)

10) 국경일 이후에는 항상 우편물이 많다. (137)

Unit 03-1.

형용사_한정사

03-1 I found **an** empty cage. (종합, 105)

Jack is **a** coworker of mine in **the** company that I'm working for. (EPL, 118)

She is **a** mere child. (종합, 105)

A. 한정사의 개념 및 유형

a. '한정'이란 명사의 앞 또는 뒤에서 수식하며, 어떤 대상(명사)의 '범위를 좁혀주는 것'이다.

e.g. a flower (이 세상 꽃 중에 아무 꽃이나 하나), the flowers (그 꽃),
the flowers (그 꽃들), that flower (저 꽃), his flower (그의 꽃),
some flowers (약간의 꽃들), etc.

b. 한정사는 크게 2가지 유형으로 나눌 수 있다.

A형 한정사	B형 한정사
관사 : a / an, the 소유격 : my, your, his, her, its ... 지시사 : this, these, that, those	some, any, no, each, every, much, many, (a) little, (a) few, all, both, either, neither

B. 한정사의 특징

a. 한정사는 단독으로 쓰이지 않는다. (뒤에 반드시 명사가 뒤따라 나온다.)

e.g. It is the. (×) This is my. (×)

b. 한정사는 명사(구)의 맨 앞에 위치한다. (형용사나 부사보다 앞에 나온다.)

한정사	+	부사	+	(형용사/분사/명사)	+	명사	+	(형용사구/절)

e.g. 아름다운 그 여자: beautiful the lady (×) → the beautiful lady (○)
귀여운 나의 개: cute my dog (×) → my cute dog (○)
정말 어려운 그 문제: really hard the problem (×) → the really hard problem (○)

c. A형의 한정사 (관사, 소유격, 지시사 등)**는 두 개를 나란히 함께 쓸 수 없다.**

→ 소유격을 관사나 지시사 등 다른 한정사와 함께 쓰려면 이중소유격으로 나타낸다.

(한정사 1개 + 명사 + of + 소유대명사 / 명사's)

e.g. 나의 몇몇 친구들: my some friends (×) → some friends of mine (○)
그의 책 중 한 권: a his book (×) → a book of his (○)

d. 수식용법 비교 (토마토, 61)

• I need durable products. (내구성 있는 제품)

• I need something durable. (내구성 있는 것)

연습문제

※ 다음을 영어로 옮기시오.

1) 나는 그녀를 정말로 무례한 학생으로 기억한다. (EPL 119)

2) 나는 그 차를 반값에 샀다.

3) Lee씨가 자신의 친구들 가운데 자신의 학교에 중요한 보직에 임명시켰을 때 많은 비난을 받았다.

4) Picasso의 몇몇 그림들은 박물관에서 도난당한 이후 아직 회수되지 않았다.

5) 나는 두 펜 가운데 어느 것을 살지 결정할 수 없었다.

6) 모두 Clinton의 연설은 매우 인상적이었다고 생각했다.

7) 고객을 끌기 위해 특별한 무엇을 생각해 내야 한다. (New Toeic, 255)

8) 그녀는 친절한 소녀이다. (Toeic 620, 155)

9) 무엇인가 찬 것을 마시고 싶다.

Unit 03-2.

형용사(Ⅰ)

03-2 I need **durable** products. (토마토, 61)

The product is **defective**.

The manager made the process **simple**.

A. 형용사의 개념 및 용법 (EPL, 120)

형용사는 기본적으로 명사와 밀접한 관련이 있다. 명사를 앞, 뒤에서 수식할 수 있으며, 주어나 목적어(명사) 등을 보충 설명하는 보어 역할도 할 수 있다.

a. 한정적 용법

형용사는 일반적으로 명사를 앞에서 수식한다. 단, '~thing', '~body'로 끝나는 명사를 수식하는 형용사는 명사 뒤에 위치한다.

e.g. a **new** plan 새로운 계획, something **new** 새로운 어떤 것

[참고] 형용사의 부속 어구들이 동반될 때에는 명사를 뒤에서 수식한다.

e.g. She was carrying a basket [full of eggs]. (달걀로 가득 찬 바구니)
그녀는 달걀로 가득 찬 바구니를 나르고 있었다.

b. 서술적 용법

주어나 목적어를 보충 설명하는 보어 자리에 온다.

e.g. This book is **useful**.
(주어 this book에 대한 보충 설명 =useful) 이 책은 유용하다.
I found this book very **useful**.
(목적어 this book에 대한 보충 설명 = useful)
나는 이 책이 매우 유용하다는 것을 알았다.

B. 한 가지 용법으로만 쓰이는 형용사

a. 명사 수식어로만 쓰이는 형용사 (한정적 용법)

drunken (술 취한), live (살아 있는), main (주된), mere (단순한), only (유일한) 등

e.g. the **drunken** people (○) 술 취한 사람들
The people were **drunken**. (×) (→ drunk) 그 사람들은 술에 취했다.

b. 보어로만 쓰이는 형용사 (서술적 용법)

[참고] 주로 'a-'로 시작하는 단어가 많음

afraid (두려운), alike (같은), alive (살아 있는), alone (혼자인), asleep (잠든), ashamed (부끄러운), awake (깨어있는), content (만족하는), pleased (기쁜), glad (기쁜) 등

e.g. She is **alive**. 그녀는 살아있다.

C. 용법에 따라 뜻이 달라지는 형용사

a. certain

Mary has **certain** charm. (어떤) Mary는 어떤 매력을 가지고 있다.

She is **certain** of her success. (확신하는) 그녀는 자신의 성공을 확신한다.

b. present

I don't know Tom's **present** address. (현재의) 나는 Tom의 현재 주소를 알지 못한다.

I was **present** at the meeting. (참석한) 나는 그 모임에 참석했다.

c. late

Her **late** husband was famous doctor. (고인의) 고인이 된 그녀의 남편은 유명한 의사였다.

She is always **late**. (늦은) 그는 항상 늦는다.

연습문제

※ 다음을 영어로 옮기시오.

1) 살아있는 것들은 세포로 구성되어 있다. (EPL 121)

2) 너와 네 남동생은 그다지 닮아 보이지 않는다.

3) 어린이들은 단 것을 좋아한다.

4) 너는 파티에서 재밌는 사람이라도 만났니?

5) 분노는 그를 눈이 멀게 했다.

6) 그의 부상 소식은 그녀를 창백하게 만들었다.

7) 그 기술자는 실험실에서의 사고 이후로 조심스러워졌다. (토마토, 61)

8) 이 제품은 제시된 가격의 열 배의 가치가 있다. (New Toeic, 255)

9) 새로 생긴 이탈리안 레스토랑에서 근무하는 웨이터들은 매우 친절하다.

Unit 03-3.

형용사(Ⅱ)_착각하기 쉬운 형용사

03-3 Our products are of comparable quality to theirs.

The comparative method we used was helpful.

The new manager is a considerate person. (토마토, 63)

A. 형용사 접미사

모르는 어휘더라도, 단어의 형태를 통해 형용사임을 추측할 수 있다. 대표적인 형용사 접미사를 알아보자.

-able / -ible	comparable (비슷한)	**-ish**	reddish (불그스레한)
-ful	respectful (정중한)	**-ar(y)**	customary (관례적인)
-less	wireless (무선의)	**-ory**	obligatory (의무적인)
-ic / -ical	typical (전형적인)	**-ive / -ative**	informative (유익한)
-ous	adventurous (모험심이 강한)	**-ate / -ite**	favorite (가장 좋아하는)
-(u)al	habitual (습관적인)	**-ly**	costly (비싼)
-ant / -ent	pleasant (쾌적한, 즐거운)	**-y**	risky (위험한)

[주의] 접미사 -ly에서 주의해야 할 점: 명사 + ly → 형용사, 형용사 + ly → 부사

e.g. 형용사: lovely (사랑스러운), friendly (다정한), lively (활발한)
부사: happily (행복하게)

c.f. -ing / ed 형태: 현재분사와 과거분사도 형용사 역할을 할 수 있다.

e.g. interesting (흥미로운) / interested (흥미를 느끼고 있는),
exciting (신나는) / excited (신이 난)

B. 유사 형태 형용사

비슷한 형태이지만, 다른 의미가 있는 형용사에 대해서 알아보자.

beneficial	유익한, 도움이 되는	**beneficent**	선행하는, 인정 많은
comparable	비슷한	**comparative** **compatible**	비교의 양립하는
desirous	갈망하는, 원하는	**desirable**	바람직한, 탐나는
intelligible	이해할 수 있는	**intelligent** **intellectual**	지적인; 총명한 지적인
imaginary	상상의, 가상의	**imaginable** **imaginative**	상상할 수 있는 상상력이 풍부한
sensible	분별 있는, 현명한	**sensitive**	민감한; 감수성이 예민한
momentary	순간의, 순간적인	**momentous**	중대한, 중요한
economic	경제의, 경제에 관한	**economical**	경제적인, 비용이 덜 드는
efficient	능률적인, 효율적인	**effective**	유효한, 효력이 있는

e.g. the government's economic policies 정부의 경제 정책
the most economical way 가장 경제적인 방법

연습문제

※ 다음을 영어로 옮기시오.

1) 시골에 머무는 것이 그의 건강에 좋을 것이다. (EPL 123)

2) 그들은 각각 자신의 팀에서 최고의 선수들이었다.

3) 학교에서 학급의 규모를 줄이는 것이 바람직한 목표이다.

4) 브로치에 있는 정교한 장식이 그것을 더욱 비싸고 사치스럽게 만들었다.

5) 그들은 시제품을 개발하는데 상당한 재원을 투자했다. (토마토, 63)

6) 우리와 거래를 하는 것에 대해 감사드립니다. (New Toeic, 256)

7) 냉음료의 판매율이 상당히 증가되었다.

8) 상당수의 직원들이 직장을 잃을 것이다. (해커스, 109)

Unit 04.

동사

04 I **attend** the forum often. (토마토, 74)

I **am attending** the forum now.

I **have been attending** the forum for three hours.

A. 동사의 형태

a. 동사를 통해 문장의 시세, 능동태/수동태, 완료형/진행형 등의 정보를 알 수 있다.

현재시제	V / V-(e)s	**진행형**	am / are / is / was / were + -ing
과거시제	V-(e)d, 불규칙 변화동사	**완료형**	have / has / had + p.p.
조동사 + V	can / may / will / shall + V	**수동태**	am / are / is / was / were + p.p.

b. 진행형, 완료형, 수동태 등이 결합되어 사용되기도 하며, 기본 형태는 다음과 같다.

- am / are / is / was / were being p.p.: 진행형 + 수동태: ~되고 있는 중이다.
- have / has / had been –ing: 완료형 + 진행형: ~해오고 있는 중이다.
- have / has / had been p.p.: 완료형 + 수동태: ~되어져 왔다.

B. 동사의 3단 변화

a. 규칙 변화: 동사의 어미에 '-d' 혹은 '-ed'가 추가된다.

동사원형	과거	과거분사(p.p.)
stop(~을 멈추다)	stopped	stopped
propose(~을 제안하다)	proposed	proposed
look(~을 보다)	looked	looked
earn(~을 벌다)	earned	earned
love(~을 사랑하다)	loved	loved

b. 불규칙 변화

동사원형	과거	과거분사(p.p.)
choose(~을 고르다)	chose	chosen
become(~가 되다)	became	become
sell(~을 팔다)	sold	sold
take(~을 가져가다)	took	taken
write(~을 쓰다)	wrote	written
eat(~을 먹다)	ate	eaten
begin(~을 시작하다)	began	begun
break(~을 깨다)	broke	broken
bring(~을 가져오다)	brought	brought
do(~을 하다)	did	done
be(있다, ~이다)	was / were	been
forget(~을 잊어버리다)	forgot	forgotten
lie(~에 놓여있다)	lay	lain

연습문제

※ 다음을 영어로 옮기시오.

1) 그는 학생이다. (종합 164)

2) 나는 버스로 학교에 간다. (현재의 습관)

3) 지구는 태양 주위를 돈다.

4) 그 비행기는 내일 아침 미국을 향해 출발한다.

5) 한국에 있을 때 그를 자주 만났다. (과거시제)

6) 제2차 세계 대전은 1939년 발생했다. (과거 동작, 상태)

7) 내가 만약 이번 버스를 놓치면 학교에 지각할 것이다. (단순미래)

8) 아버지는 소설을 읽는 중이다. (현재 진행형)

9) 나는 여러 번 토론회에 참석했다. (토마토, 74)

10) 그녀는 몇 시간 동안 그들과 토론을 하고 있다. (76)

Unit 04-1.

동사_자동사 vs 타동사

04-1 The sun **rises** in the east. (EPL, 28)

I **go** to church on Sunday.

I **give** him some money. (종합, 146)

A. 동사의 구분 - 자동사와 타동사

a. 자동사

주어의 행위가 주어 자신의 행위로 끝나고 다른 대상에게 전달되지 않는 동사이다. 따라서 목적어가 뒤따르지 않으며, 전치사의 도움이 있을 때만 목적어를 취할 수 있다.

'~ V 하다'로 해석한다.

e.g. He will become rich. / They had just arrived in Seattle.

b. 타동사

주어의 행위가 다른 대상(목적어)에게 전달되어 영향을 미치게 되는 동사이다. 따라서 반드시 목적어가 뒤따르며, 목적어와 긴밀한 관계가 있다. '~을 / 를 / 에게 V 하다'로 해석한다.

e.g. She missed her mother terribly. 그녀는 엄마를 대단히 그리워했다.
Andrew had answered me in short sentences.
Andrew는 나에게 짧은 문장으로 답변했었다.

B. 유의해야 할 자동사와 타동사

a. 자동사/타동사 둘 다로 쓰일 수 있는 동사

• read: ㉶ 읽히다 / ㉻ ~을 읽다

e.g. Your essay reads well.
너의 에세이는 잘 읽힌다.

I read your essay yesterday.
나는 너의 에세이를 어제 읽었다.

• live: ㉶ 살다 / ㉻ ~한 삶을 살다.

e.g. Where do you live now?
너는 지금 어디에 사니?

She lived a passionate life
그녀는 열정적인 삶을 살았다.

• 기타: break (깨지다 / ~을 깨트리다), burn (타오르다 / ~을 태우다), close (닫히다/ ~을 닫다), fly (날다 / ~을 날리다), hurt (아프다 / ~을 다치게 하다), sell (팔리다 / ~을 팔다) 등

b. 자동사로 착각하기 쉬운 타동사

타동사이므로, 동사 뒤에 목적어를 바로 취한다.

• marry with him (×) → marry him (O) 그와 결혼하다.
• discuss about the matter (×) → discuss the matter (O) 그 문제를 논의하다.
• 기타: resemble (~와 닮다), mention (~을 언급하다), enter (~에 들어가다), attend (~에 참석하다), approach (~에 접근하다), reach (~에 도달하다), leave (~을 떠나다), suit (~에 어울리다) 등

c. 타동사로 착각하기 쉬운 자동사

자동사이므로 전치사를 동반할 때에만 목적어를 취할 수 있다.

• depend him (×) → depend on him (○) 그에게 의존하다.
• consist something (×) → consist of something (○) 무언가를 포함하다.
• 기타: subscribe to (~을 구독하다), enroll in (~에 등록하다), dispose of(~을 없애다), turn down (~을 거절하다), interfere with (~을 방해하다), deal with (~을 처리하다), participate in (~에 참여하다), belong to (~에 속하다) 등

연습문제

※ 다음을 영어로 옮기시오.

1) 나는 일요일에 교회에 간다. (종합, 146)

2) 화병이 강한 바람 탓에 산산이 깨졌다. (EPL, 29)

3) 우리는 꽃을 사랑한다. (종합, 146)

4) 나는 땅을 팠다.

5) 나는 이상한 꿈을 꾸었다.

6) 그는 나에게 책을 주었다.

7) 누구나 입신출세하기를 바란다.

8) 그는 늘 약속하기를 피한다. (목적어의 형식)

9) 그가 정직하다는 것을 나는 알고 있다.

10) Christine는 그녀의 엄마를 많이 닮았다. (EPL, 29)

Unit 04-2.

동사_동사의 종류

04-2 The Web designers **arrived** at 2 o'clock. (동사: 주어의 상태) (해커스 26)

Mr. Scott left **his luggage** in the lobby. (목적어: 동사의 대상)

The weather yesterday was **stormy**. (보어: 주어나 목적어를 보충)

A. 보어가 있어야 하는 불완전 자동사 (S + V + C) (Eye, 176)

a. ~ 가 되다 (S → C)

become, grow, go, turn, get, fall, run, come

b. ~ 이다(S = C)

seem, appear, prove, turn out, remaın, stay, lie, feel, look, smell. taste, sound

* 불완전 자동사(feel, smell, taste, sound)는 반드시 형용사를 보어로 취해야 한다.

B. THERE + BE 동사 + 주어 (+ 부사구)

There + 완전자동사(come, go, remain, live, seem, appear 등) + 주어

C. 자동사 + 전치사 = 타동사

account for 설명하다 add to ~에 더하다 agree with(to, on) ~ 에 동의하다

apologize to ~에게 사과하다 arrive at ~에 도착하다 graduate from ~를 졸업하다

interfere with ~을 방해하다 laugh at ~ 을 비웃다 listen to ~의 말을 듣다 등.

D. 자동사로 착각하기 쉬운 타동사

access(access to ×) accommodate (accommodate for ×)

accompany (accompany with ×) adopt (adopt to) visit (visit to ×)

attend (attend in ×) discuss (discuss about ×) resemble (resemble with ×) 등

E. 4형식 동사: 주어 + 동사 + 간접목적어 + 직접목적어

give, offer, teach, lend, promise, send, make, choose, find,

build, buy, get, ask, inquire, demand, request, save, cost 등

F. 수여동사로 착각하기 쉬운 타동사

mention me that (×)	→	mention me that (○)
explain me that (×)	→	explain me that (○)
prove me that (×)	→	prove me that (○)
suggest me that (×)	→	suggest me that (○)
propose me that (×)	→	propose me that (○)
describe me that (×)	→	describe me that (○)

* 이들은 수여동사로 착각하기 쉬운 동사들로 간접목적어의 '~에게'에 해당하는 부분이 'to + 목적어'로 된다,

G. 5형식 동사: 주어 + 타동사 + 목적어 + 목적보어

① (대)명사가 목적보어로 많이 쓰이는 동사: appoint, call, select

② 형용사가 목적보어로 많이 쓰이는 동사: drive, paint, keep, find

③ 부정사가 목적보어로 많이 쓰이는 동사: allow, cause, compel forbid, permit, urge, tell

④ 과거분사가 목적보어로 많이 쓰이는 동사: get, hear, make, have

⑤ 사역동사: make, have, let
make / have / let + 목적어 + 동사원형

Ⅱ. 목적격 보어 앞에 as를 사용하는 5형식 동사 : 「A를 B라고 하다」

		<수동태>
regard A as B	→	A be regarded as B
refer to A as B	→	A be referred as B
consider A as B	→	A be considered as B
define A as B	→	A be defined as B
look upon A as B	→	A be looked upon as B
take A as B	→	A be taken as B
think of A as B	→	A be thought of as B

* 목적보어가 전치사 as와 함께 쓰이는 5형식 동사들이다. 특히 이들 동사가 수동태로 쓰일 때 'as'와 같이 쓰임에 유의해야 한다.

[참고] (Clinic, 57)

① to+부정사를 목적어로 취하는 동사(S+V+O)

- wish, want, prefer, decide, agree, plan 등

② 동명사(~ing)를 목적어로 취하는 동사

- consider, suggest, recommend, discontinue, mind, finish, miss, keep, postpone, stop, admit, avoid 등

③ to+부정사를 목적격 보어로 취하는 동사

- require, ask, want, would like, encourage, expect, advise, invite, allow

④ 원형부정사만을 목적격 보어로 취하는 동사 (S+V+O+O.C(R))

- make, let, have
- ex please let me know your new address.

⑤ to부정사, 동명사를 취하면 뜻이 달라지는 동사

- remember, forget, regret, need, want, require, mean, try 등

연습문제

※ 다음을 영어로 옮기시오.

1) 그는 유명해졌다. (S → C) (Eye, 176)

2) 내 동료는 초조해하는 것 같다.

3) 무단결석하는 것과 학교를 중퇴하는 것, 그리고 체포되는 것들 사이에는 강한 연관성이 있다.

4) 만약 모든 당사자가 계약 조건에 동의한다면, 계약자가 서명한 뒤 즉시 일에 착수 할 수 있다. (178)

5) 최근 우리는 공장에서 일어나고 있는 절도 행위들에 대해 어떤 조처를 할 것인지 논의하기 위해 이렇게 전체 회의를 열었다.

6) Tom부인은 내일 밤 자신을 회의장으로 태워다 줄 사람을 찾고 있다.

7) 어니스트 푸쉬씨는 언젠가 내게 예술가가 이름을 얻는 데는 10년이 걸린다고 말했다.

8) 대통령은 그를 주한 대사로 임명했다. (180)

9) 남들이 내게 해서 싫은 일을 남에게 하지 마라.

Unit 04-3.

문장의 형식_1형식 / 2형식

04-3 I **go** to church on Sunday. (종합, 146)

My father **lives** in Jinju.

He **is** a priest. (종합, 146)

A. 문장의 형식

문장의 5형식은 문장성분인 주어(S), 동사(V), 목적어(O), 보어(C) 자리의 순서를 정한 자리 배치도이다. 해당 문장 성분이 아닌 전명구, 부사(구) 등의 수식어(구)(M)는 문장의 형식에 영향을 주지 않는다.

a. 1형식 : SV(SVA) e.g. My stomach **ached** really badly. 나의 배가 아주 심하게 아팠다.

b. 2형식 : SVC e.g. The color of leaves **turn** red and yellow in fall.

c. 3형식 : SVO(SVOA) e.g. The company **built** a new amusement park.

d. 4형식 : SVOO e.g. You should **tell** her the story. 너는 그녀에게 그 이야기를 해야 한다.

e. 5형식 : SVOC e.g. I **found** the contract unjust. 나는 그 계약이 불공정함을 알아 냈다.

B. 1형식-SV(SVA)

a. 주어와 동사만으로 문장이 성립하지만, 대개는 수식어(구)(M)가 같이 나오는 경우가 많다.

e.g. That TV still works well.
S V M
저 TV는 여전히 잘 작동한다.

She smiled at me.
S V M
그녀는 나를 향해 미소를 지었다.

b. 1형식 동사: come, go, walk, arrive, work, do, rise, rain, snow, cry, laugh, smile, sleep, talk, listen, wait, fly, live, die, run, fall, sit, stay, open 등

[참고] 주어, 동사만으로는 문장의 의미가 불완전하여 장소나 시간을 나타내는 수식어(구)(A)가 필요한 문장들이 있다. 이러한 문형을 SV와 구별하여 SVA로 분류한다.

e.g. My uncle lives in Ulsan.
S V A
나의 삼촌은 울산에 산다.

The department store opens at 10:30.
S V A
백화점은 10시 30분에 개점한다.

C. 2형식-SVC

a. 주어와 동사, 그리고 주격보어가 필요한 문장이다.

e.g. Tuition at four-year colleges is high.
(Tuition at four-year colleges = high)
4년제 대학의 수업료는 높다.

b. 2형식 동사(보어가 있어야 하는 자동사)

상태	be, keep, remain, stay, lie, stand 등	**변화**	become, get, grow, turn, run, go, come, fall 등
외견	seem, appear 등	**감각**	feel, look, smell, taste, sound 등

[참고] 2형식 동사들은 보통 be 동사로 대체하여도 문장이 성립한다는 특징을 지닌다.

c. 보어가 될 수 있는 품사는 명사나 형용사로, 부사는 보어가 될 수 없다.

e.g. The harp sounds beautifully. (×) (→ beautiful) 하프는 아름답게 소리 난다.

연습문제

※ 다음을 영어로 옮기시오.

1) 다행스럽게도, 날씨가 비 오는 날씨에서 맑은 날씨로 변했다. (EPL, 31)

2) Tom은 경찰 조사 동안 침묵을 유지했다.

3) 그 여배우는 마침내 젊은 여성들의 롤 모델이 되었다.

4) 할인된 가격은 고객들에게 매력적인 것 같다. (Clinic, 27)

5) 사장님은 내게 화가 났다. (Eye, 176)

6) 재고가 바닥나 간다.

7) 음악계는 붕괴 직전이었다.

Unit 04-4.

문장의 형식_3형식

04-4 We **love** flowers. (3형식) (종합 146)

I **give** him some money. (4형식)

I **think** the boy very honesty. (5형식)

A. 3형식-SVO(SVOA) (EPL 32)

주어와 동사, 그리고 목적어가 필요한 문장이다. 영어 문장에서 가장 많이 볼 수 있는 형태이다.

a. 3형식 동사 단독으로 써야 하는 경우

동사가 단독으로 목적어를 가져야 하는 동사들로, 대부분의 3형식 동사에 해당한다. 주로 '목적어를 V 하다'로 해석하게 된다. 다음의 동사들은 목적어가 '을/를'로 해석되지 않아 자동사로 착각하기 쉬우므로 유의한다.

e.g. After two hours, we finally reached the coast.
두 시간 후에, 우리는 마침내 해안에 도착했다.

marry ~~with~~ (~와 결혼하다)	discuss ~~about~~ (~을 논의하다)	mention ~~about~~ (~을 언급하다)
enter ~~into~~ (~에 들어가다)	attend ~~to~~ (~에 참여하다)	approach ~~to~~ (~에 접근하다)
reach ~~to~~ (~에 도착하다)	leave ~~from~~ (~을 떠나다)	suit ~~for~~ (~에 맞다)
resemble ~~with~~ (~을 닮다)	explain ~~about~~ (~을 설명하다)	survive ~~from~~ (~로부터 살아남다)
obey ~~to~~ (~에 순응하다)	inhabit ~~in~~ (~에 거주하다) 등	

b. 3형식 구동사 (자동사+전치사=타동사)

동사 단독으로는 목적어를 가질 수 없고 after, at 등과 같은 전치사를 동반하여야 하는 동사들이 있다. 하나의 숙어처럼 알아두고, 동사 뒤에 목적어가 아닌 전치사가 왔다고 하여 자동사와 혼동하지 않도록 한다.

account for (설명하다)	add to (~에 더하다)	laugh at (~을 비웃다)	
look after (~을 돌보다)	look at (~을 쳐다보다)	look for (~을 찾다)	listen to (~을 듣다)
wait for (~을 기다리다)	agree with (~의 의견에 동의하다) 등		

e.g. Most people didn't agree with him.
대부분 사람은 그에게 동의하지 않았다.

[참고] 주어, 동사, 목적어만으로는 문장의 의미가 불완전하여 장소나 시간을 나타내는 수식어 (구)가 필요한 문장들이 있다. 이러한 문형을 SVO와 구별하여 SVOA로 분류한다.

e.g. I put the dish on the table.
나는 접시를 테이블 위에 놓았다.

B. 보어와 목적어의 구별

보어 자리에는 형용사와 명사가, 목적어 자리에는 명사만이 올 수 있다. SV 뒤에 나오는 어구가 명사(구)일 경우 C(보어)인지, O(목적어)인지를 잘 구별할 수 있어야 한다. 보어는 주어와 같거나 주어의 성질, 상태를 설명하는 것이므로 의미상으로 주어와 밀접하게 연결되지만, 목적어는 주어와 의미상으로 연결되지 않는 별개의 개체이다.

e.g. What you need is healthy eating habit. (What you need = healthy eating habits)
네게 필요한 것은 건강한 식습관이다.
The poor child needs lots of love. (The poor child ≠ lots of love)
그 가난한 아이는 많은 사랑을 필요로 한다.

연습문제

※ 다음을 영어로 옮기시오.

1) 그 정치가는 3시에 공항에 도착했다. (EPL, 33)

2) 그들은 이전에 그 화제를 논의했다. (32)

3) 그는 자기의 손을 주머니 안에 넣었다. (EPL, 32)

4) 모든 정치가는 국법을 따라야 한다.

5) 나의 오빠는 대학에서 골프 선수가 되었다.

6) 나는 땅을 팠다. (종합, 146)

7) 그는 테이블을 닦아냈다.

8) 그들은 그 계약을 달리 해석하고 있는 것 같다. (EPL, 33)

9) Jane은 그녀의 오랜 친구인 Mike와 결혼했다.

10) 우리는 10명의 직원을 추가로 고용했다. (Clinic, 27)

Unit 04-5.

문장의 형식_4형식

04-5 She **told** me the secret. (토마토 30)

Alex **taught** her how to cook pasta.

He **bought** his girlfriend a mobile phone.

A. 4형식-SVOO (EPL 34)

a. 'IO에게 DO를 V 하다'라는 의미로 통하는 동사들은 목적어를 2개 가지게 된다. 어순은 S+V+IO+DO가 된다. 이때의 동사를 '수여동사'라고도 한다.

e.g. Volunteers give elderly people some food in this park.
S V IO DO
자원봉사자들이 공원에서 노인들에게 음식을 나누어 준다.

You didn't tell me the truth at that time.
S V IO DO
너는 그때 나에게 진실을 말하지 않았다.

b. 4형식 동사(수여동사)

bring A B (A에게 B를 가져다주다)	**show** A B (A에게 B를 보여 주다)	**send** A B (A에게 B를 보내 주다)
give A B (A에게 B를 주다)	**lend** A B (A에게 B를 빌려준다)	**make** A B (A에게 B를 만들어 주다)
teach A B (A에게 B를 가르쳐 주다)	**write** A B (A에게 B를 써 주다)	**get** A B (A에게 B를 가져다주다)
buy A B (A에게 B를 사 주다)	**build** A B (A에게 B를 지어 주다)	**tell** A B (A에게 B를 말해 주다)
pass A B (A에게 B를 건네준다)	**cook** A B (A에게 B를 요리해 주다)	

* 4형식 동사: give, offer, teach, lend, promise, send, make, choose, find 등

B. 4형식 → 3형식

'~에게'라는 의미의 간접목적어(IO)를 '전치사+목적어'로 바꾸어 직접목적어(DO)의 뒤에 위치시킬 수 있다. 기존의 4형식 문장이 3형식 문장으로 바뀌게 되며, 이 과정에서 전치사로 for를 사용하는 동사와 to를 사용하는 동사가 있으니 각각 구별해 둔다.

e.g. He bought me a swimsuit for vacation.
S V IO Do
→ He bought a swimsuit for me for vacation.
그는 나에게 휴가를 위한 수영복을 사주었다.
S V O

My aunt lent me a digital camera. → My aunt lent a digital camera to me.
S V IO DO S V O

for	to	
make A B → make B for A	teach A B → teach B to A	give A B → give B to A
build A B → build B for A	show A B → show B to A	lend A B → lend B to A
get A B → get B for A	pass A B → pass B to A	bring A B → bring B to A
buy A B → buy B for A	send A B → send B to A	tell A B → tell B to A
cook A B → cook B for A	write A B → write B to A	

연습문제

※ 다음을 영어로 옮기시오.

1) 사장은 그에게 쇼핑몰에서의 시간제 자리를 주었다. (EPL, 34)

2) 그는 자기의 딸을 위해 모형 차를 만들었다.

3) 너는 공항 직원에게 너의 여권을 보여주어야 한다.

4) Hanna는 그에게 좋은 영어 문법책을 골라 주었다. (EPL, 35)

5) 그들은 그녀에게 매니저 자리를 제공했다. (Clinic, 28)

6) 저기에 있는 소녀가 나에게 우체국으로 가는 길을 말해 주었다. (35)

7) John은 Mary에게 도움을 주었다. (반석, 94)

8) 그 학교는 나에게 그 자리를 제안하였다.

9) 담배 한 개비 주실 수 있으세요?

10) (나에게) 소금을 건네주시겠습니까? (95)

Unit 04-6.

문장의 형식_5형식

04-6 They **found** the room empty. (토마토 31)

People **elected** her the 10th president.

They **call** him Tom.

A. 5형식-SVOC (EPL 36)

목적어 뒤에 목적어에 대한 설명(목적격 보어)이 더해져야 완전한 의미가 되는 문장 형식으로, 5형식 동사는 완전타동사가 된다. 2형식(SVC)에서의 주격보어처럼, 5형식(SVOC)에서의 목적격 보어 역시 명사나 형용사 상당 어구이다.

B. 목적어=목적격보어

목적격 보어가 명사일 때, 목적어와 같은 대상을 나타낸다.

e.g. Emily's web site made her a millionaire. (her = a millionaire)

S V O O.C

Emily의 웹사이트는 그녀를 백만장자로 만들었다.

Cancer made her a better person. (her = a better person)

S V O O.C

암은 그녀를 더 나은 사람으로 만들었다.

C. 목적어의 성질, 상태 = 목적격 보어

목적어나 보어가 형용사나 분사(-ing / p.p.)일 때, 목적어의 성질이나 상태를 나타낸다.

e.g. The mayor made his city safer than before. 보다 더욱 안전하게 만들었다.
S V O O.C

He made me disappointed. 그는 나를 실망하게 했다.
S V O O.C

D. 목적어의 동작, 상태 = 목적격 보어

준동사가 목적격 보어로 사용되었을 때, 목적어-목적격 보어의 관계는 주어-서술어의 관계로 볼 수 있다. 목적어와의 관계에 따라 목적격 보어의 형태가 달라진다. 목적격 보어의 자리에는 동사원형(원형 부정사), to 부정사, 분사 등이 준동사 형태가 오게 된다.

• 지각동사: see, watch, notice, observe, hear, listen to 등
(~하는 것을 보다, 듣다, 알아차리다, 느끼다)

• 사역동사: have, make, let 등

• 기타: consider, ask, cause, tell, require, allow, permit, want, expect, encourage, enable, persuade, urge, prepare, remind 등

	지각동사	사역동사	기타
목적어–목적격 보어의 관계가 능동	동사원형 / -ing	동사원형	to부정사
목적어–목적격 보어의 관계가 수동	과거분사 (p.p.)		

e.g. We heard someone knock at the door.
S V O O.C (동사원형)
우리는 누군가 문에 노크하는 것을 들었다.

I consider him to be one of the best actors in the country.
S V O O.C (to 부정사)
나는 그가 이 나라 최고의 연기자 중 하나라고 생각한다.

I got my arm broken yesterday. 나는 어제 팔을 다쳤다.
S V O O.C (p.p.)

[보충]

a. 5형식 문형 : S+V+O+O·D(불완전타동사)

S+V+O+	명사, 대명사	→ 목적어와 동일
	형용사	→ 목적어의 상태 설명
	부정사, 현재분사	→ 목적어와의 관계(능동)
	과거분사	→ 목적어와의 관계(수동)

e.g. Did you hear John leave / leaving the house? (완료, 진행 무관)
I heard the rain falling. (능동)
I heard my name called. (수동)
As I lay in bed, I could hear the waves breaking on the shores. (행동의 진행)

b. 감각동사[hear, see, feel, notice, observe, perceive, listen to, watch, look at, feel 등]

- 주어 + 지각동사 + 목적어 + 목적격보어 → 형용사 (+ 명사), 원형, 현재분사, 과거분사
- 목적격보어로 오는 것들을 알아보면, 목적격어와의 관계가 능동일 때는 원형, 능동, 진행일 때는 현대분사, 수동 완료 관계일 때는 과거분사를 사용한다.

e.g. I hate to see you unhappy.
S V O O.C(형용사)
He heard her answer the refusal to his proposal.
S V O O.C(명사)

연습문제

※ 다음을 영어로 옮기시오.

1) 허리케인은 그 학생을 영웅으로 만들었다. (EPL, 36)

2) 나는 그 시험이 나에게 쉽다는 것을 알았다.

3) 그녀는 새 미용실에서 머리를 염색했다.

4) 사장은 그녀를 영업부서의 장으로 임명했다. (EPL, 37)

5) 그는 자기의 딸에게 17번째 생일선물로 몇 개의 패션 잡지를 선물했다.

6) 선장은 그 배를 '위대한 탐험가'로 이름 붙였다.

7) 그들은 그들의 목표가 다루기 쉽다는 것을 알았다. (Clinic, 28)

8) 심판은 그를 챔피온으로 선언했다. (반석, 105)

9) 우리는 집을 희게 칠했다.

10) 그는 좌석벨트를 당겨서 죄었다.

Unit 05.

일치(Ⅰ)_주어-동사

05 **She attends** the conference every year. (토마토, 78)

The opponents frequently **raise** objection.

A number of people in the picture are resting. (단수 동사가 따르는 주어)

A. 주어와 동사의 수 일치 (EPL 42)

영어에서는 주어의 수에 따라 동사의 수를 일치시킨다. 주어가 단수라면 단수동사로, 주어가 복수라면 복수동사로 수 일치시킨다. 현재형의 3인칭 단수동사는 '동사원형 + -(e)s', 3인칭 복수동사는 동사원형 그대로 사용한다.

B. 긴 주어의 경우(주어 자리에 구나 절이 온 경우)

to부정사구, 동명사구 등의 명사구나 that절, what절, 의문사절 등의 명사절은 명사 상당어구로 주어 자리에 올 수 있다. 명사구, 명사절 주어는 무조건 단수 취급한다.

e.g. To express feelings is good for your health.
감정을 표현하는 것은 너의 건강에 좋다.
What the politician says is different from what he actually does.
그 정치가가 말하는 것은 그가 실제로 행하는 것과 다르다.

C. 주어와 동사가 떨어져 있는 경우

영어에서 명사는 수식을 뒤로부터 받을 수 있으므로, 주어 뒤에 후치 수식어구가 따라붙는 경우가 많다. 후치 수식어구에 괄호 쳐 분리한 뒤, 진짜 주어를 찾아내어 동시에 일치시키는 것이 관건이다.

주어	+	형용사구, 분사(ING/p.p) 구, to 부정사구, 전명구, 관계사절, 동격의 that절 등	+	동사

e.g. A few drivers [**eager to get the spot**] were waiting near her car. (형용사구)
그 자리를 차지하기를 열렬히 원하는 몇몇 운전자들이 그녀의 차 근처에서 기다리고 있었다.

The files [**attached to the e-mail**] seem to be infected with a virus. (분사구)
그 이메일에 첨부된 파일은 바이러스에 감염된 것으로 보인다.

One way [**to show your respect for others**] is attentive listening. (to부정사구)
다른 이들에 대한 너의 존중을 보여주는 하나의 방법은 주의 깊은 청취이다.

The problem [**that you broke my copyright**] is important. (동격의 that절)
네가 나의 저작권을 침해했다는 문제가 중요하다.

D. 선행사와 관계사절 내 동사의 경우

선행사를 수식하는 주격 관계대명사 절의 경우, 주격 관계대명사(who / which / that) 뒤에 동사가 이어진다. 선행사를 관계사절 내의 주어로 생각하고, 동사는 그 선행사의 단/복수에 일치시킨다.

e.g. There are student [who **have** great difficulty in reading].
그들은 읽기에 큰 어려움을 가지고 있는 학생들이다.

I have a little dog [which **has** a bad habit of biting anyone].
나는 아무나 깨무는 나쁜 습관이 있는 작은 강아지를 가지고 있다.

연습문제

※ 다음을 영어로 옮기시오.

1) 다른 사람의 관점을 보려고 노력하는 것은 삶의 바람직한 원칙이다. (EPL, 42)

2) 배고픔의 고통을 겪는 아이들은 학교에서 집중하는 데 어려움을 겪는다. (EPL, 42)

3) 읽기를 배우고 싶지 아니하는 아이들이 있다. (42)

4) 대학 졸업자 중 실업자 수가 증가하고 있다.

5) 그 신입사원은 많은 실수를 했다.

6) 판매부는 새로운 건물이 필요하다. (Clinic, 47)

7) 영업부에 일하는 매니저들은 매주 우리를 방문한다.

8) 청각 장애인들을 위한 수화는 18세기에 프랑스에서 발달되었다. (EPL, 43)

9) 그들은 읽기에 큰 어려움을 가지고 있는 학생들이다. (42)

10) 나는 아무나 깨무는 나쁜 습관이 있는 작은 강아지를 가지고 있다. (42)

Unit 05-1.

일치(Ⅱ)_주어-동사

05-1 **The number** of people in the picture **is** five. (토마토, 79)

The meeting will begin as soon as **the governor arrives**.

The environment will suffer if **they build** the factory.

A. 도치 구문의 수 일치 (EPL, 44)

a. 강조 등을 위해 본디 뒤에 있던 부사(구)나 부정어(구) 등이 문장 앞으로 오게 되면서 주어와 동사의 어순이 바뀌게 되는데, 이를 '도치'라 한다.

b. 도치 구문에서는 동사와 자리가 바뀐 주어를 찾는 것이 첫 번째이다. 강조를 위해 문장 앞에 둔 부사(구) 등을 주어로 착각하지 않도록 유의한다.

e.g. In the back seat of the **car** (부사구) **were** (V) two sweet little **boys** (S).

두 명의 사랑스러운 작은 소년들이 차의 뒷좌석에 있었다.

B. 수량 표현의 수 일치

a. 항상 단수동사를 취하는 수량 표현

one, each, every, either, neither + 단수명사 + 단수동사

e.g. **Each** of us **is** special, because we are all different.

우리 각각은 특별하다, 왜냐하면 우리는 모두 다르기 때문이다.

b. 항상 복수동사를 취하는 수량 표현

(a) few, a couple of, both, several, many, a number of	+	복수명사	+	복수동사

e.g. **A number of people are** in the stadium to watch the game.
많은 사람이 게임을 보기 위해 경기장에 있었다.

c. 부분 표현의 수 일치

부분을 나타내는 명사나 분수 표현이 주어진 경우, 뒤따르는 'of+명사'의 명사(N)에 수를 일치시킨다.

all, most, some, a lot/lots, the rest, the majority, half, quarter, 분사, percent(%)	+	복수명사	+	복수동사 복수명사	+	단수명사 복수명사

e.g. Two third of **my friends are** working part-time.

C. 상관접속사의 수 일치

either A or B (A나 B 둘 중 하나), neither A nor B (A와 B 둘 다 아닌), not A but B (A가 아니라 B), not only A but (also) B = B as well as A (A뿐 아니라 B도)

→ B에 동사의 수를 일치

e.g. Not only she but also **they were** happy with the event.
그녀뿐만 아니라 그들도 그 일에 대해 기뻐했다.
The Siberian Husky, as well as the other dog in the animal Clinic, **was** running around the hall.
동물병원의 다른 개들뿐만 아니라 그 시베리안 허스키도 복도를 마구 뛰어다니고 있었다.

연습문제

※ 다음을 영어로 옮기시오.

1) Henry 또는 그의 형제 중에 그것에 책임이 있다. (종합, 316)

2) Mary 또는 다른 소녀들은 그것에 대해 알지 못한다.

3) 선생님뿐만 아니라, 학생들도 열심이다.

4) 그 병원 근처에 몇몇 좋은 한국 식당이 있다. (EPL, 45)

5) 개들은 더 이상 한낱 동물들로만 생각되지 않는다.

6) 생산의 절반이 중국으로 수출된다. (Clinic, 48)

7) 대부분의 직원들은 2주간의 훈련을 끝마친다.

8) 각각의 생물은 다른 살아있는 것들에 어떤 방식으로 의존한다.

9) 남은 종이들이 테이블 위에 있다.

10) 지구 표면의 4분의 3은 물이다. (종합, 316)

Unit 06.

시제(Ⅰ)_현재시제

06 I'll wait until they **come**. (시간) (Toeic 620, 110)

A rolling stones **gathers** no moss. (격언) (EPL, 46)

If you **take** the bus, you will get to the place on time. (조건) (EPL 46)

A. 현재시제

시제란, 동작이 일어난 때에 따른 동사의 형태 변화를 말한다. 영어의 단순 시제에는 현재, 과거, 미래시제 등이 있다.

현재시제의 형태 : 동사원형. 단, 3인칭 단수 주어일 때에만 '동사원형 + -(e)s'

(be 동사는 am / are / is, have 동사는 have / has)

a. 현재의 상태, 동작

e.g. What total score do you **have** right now? 너 지금 총 몇 점을 땄니?

My father **owns** a restaurant across the street.

나의 아빠는 길 건너에 레스토랑을 소유하고 있다.

b. 습관, 반복적 행동

e.g. I **wake up** early in the morning every weekend.

나는 매주 주말 아침 일찍 일어난다.

These days, I **ride** a bicycle for the exercise.

요즘, 나는 운동 삼아 자전거를 탄다.

c. 일반적 사실, 진리, 격언

e.g. Don't count your chickens before they **are hatched**. (EPL, 46)

그들이 부하가 되기도 전에 닭들을 세지 말라. (김칫국을 마시지 말아라.)
Most of us already know that water **becomes** ice at 0℃.
우리 중 대부분은 물이 0도에서 얼음이 된다는 것을 이미 안다.

d. 시간표 등 확실히 정해진 일의 경우

왕래발착 동사(come, go, leave, arrive 등)나 시작 / 종료를 나타내는 동사(begin, start, finish, end 등)가 사용되며, 가까운 미래를 나타내는 부사구와 함께인 것이 보통이다.

e.g. The train **leaves** in 15 minutes. 기차는 15분 안에 떠난다.
The exhibition **opens** on December 10th and **closes** on January 30th.
전시는 12월 10일에 시작하여 1월 30일에 끝난다.

e. 부사절에서의 미래 대용

'시작이나 조건'을 나타내는 접속사(when, before, after, as soon as, till, until, by the time, whenever, the next time, if 등)가 이끄는 부사절에서는 미래시제를 사용하지 않고, 미래시제를 현재시제로 대체한다.

e.g, My family will go travel to Australia when winter **comes**.
내 가족은 겨울이 오면 호주로 여행을 갈 것이다.
If it **rains**, I will cancel the schedule of the day.
비가 온다면, 나는 그날의 스케줄을 취소하겠다.
Susan **usually goes** out in the rain without a rain coat.
Susan은 주로 우의 없이 빗속으로 나간다.
*usually, always, often, every day, never 등의 빈도부사는 습관이나 주기적으로 반복되는 행위나 일 등을 나타내므로 현재시제와 어울린다.

연습문제

※ 다음을 영어로 옮기시오.

1) 요즘, 나는 운동을 위해 학교에 걸어 다닌다. (EPL, 47)

2) 내가 그를 처음 만났을 때 그는 웨이터였으나, 오늘날 그는 자신의 레스토랑을 소유하고 있다.

3) 지구는 태양 주위를 돈다.

4) 다국적기업들은 월급을 더 많이 준다. (Clinic, 39)

5) 나는 나의 현재 직업을 좋아하지 않는다. 그러나 나는 내가 더 나은 어떤 것을 찾을 때까지는 이 회사에 머무를 것이다. (EPL, 47)

6) 그는 일터에 가기 전에 커피 두 잔을 마신다.

7) 콘서트는 4시에 시작해. 부디 늦지 마.

8) 내일 비가 온다면 우리는 외출하지 않을 것이다. (Toeic 620, 110)

9) 그는 연구원으로 일한다. (해커스, 46)

10) 직원회의는 매주 월요일 오전 9시에 시작한다.

Unit 06-1.

시제(Ⅱ)_과거 / 미래

06-1 He **worked** as a researcher. (해커스, 46)

The marketing team **knew** the working process. (47)

We **will contact** you once the payment is received. (47)

A. 과거시제

과거시제의 형태: 동사의 과거형

과거시제와 잘 쓰이는 어구: 과거 시점을 나타내는 부사구나 부사절

(yesterday, the other day, last+시간, ago, when+S+V 등)

a. 과거의 상태, 동작

e.g. The store **was** full of people the other day.
그 가게는 일전에 사람들로 가득했다.
She **talked** to him on the phone last night.
그녀는 어젯밤 그와 전화로 이야기했다.

b. 역사적 사실

e.g. The Mongol Empire **was** one of the most powerful empires in the world.
몽골 제국은 세계에서 가장 강력한 제국 중 하나였다. (EPL, 48)

c. 과거완료 대용

before, till, after, as soon as 등 전후 관계를 명확히 하는 접속사가 있을 때 과거완료(had p.p.) 대신 과거시제를 사용한다.

e.g. Peter visited his grandparents before he **came** here.
Peter는 여기에 오기 전 그의 조부모님을 방문하였다.
She took off the heavy coat, as soon as she came **entered** the room.
그녀는 방에 들어오자마자, 무거운 코트를 벗어버렸다.

B. 미래시제

a. will + 동사원형 : ~할[하게 될] 것이다, ~할 생각이다

e.g. How old **will** you **be** next year? 너는 내년에 몇 살이 되니?
If I go there next week, I **will send** you some pictures.
내가 다음 주에 그곳에 가면, 몇 장의 사진을 너에게 보내 줄게.

b. 미래를 나타내는 여러 가지 표현

• be going to V : ~할 예정이다

e.g. He **is going to** take next semester off. 그는 다음 학기를 듣지 않을 예정이다.

• be about to V : 막 ~하려 하다

e.g. I'm so afraid you'**re about to** say something awful.
나는 네가 끔찍한 무언가를 막 말하려고 할까 봐 두렵다.

• be due to V : ~할 예정이다 e.g. The prime minister **is due to** speak tonight at the hall.

• be likely to V : ~할 것 같다 (예상) e.g. **It's likely to** rain. 비가 올 것 같다.

• be -ing : ~할 것이다 (가까운 미래에 예정된 일)

e.g. **I'm entering** the university my grandmother graduated from. (졸업한 대학에)

연습문제

※ 다음을 영어로 옮기시오.

1) 나는 내가 13살일 때 이 노래를 처음으로 들었다. (EPL, 49)

2) 나는 그 책을 일전에 받았고, 그것을 매우 즐겨 읽고 있다.

3) 몇 세기 전, 사람들은 지구가 우주의 중심이라고 믿었다.

4) 위원회는 내일 회의를 할 것이다. (Clinic, 40)

5) 나의 팀은 지난 주말 게임에서 졌다. 우리는 이길 수도 있었을 것이다. (EPL, 49)

6) 조금 전, 대통령은 국민을 향해 간단한 연설을 했다.

7) 나는 셰익스피어가 1564년에 태어났음을 안다.

8) 나는 그가 떠난 후에 여기 도착했다. (Toeic 620, 110)

9) 아무리 애써도 그녀는 그 문제에 대한 해답을 찾을 수가 없었다. (112)

10) 서버에 문제가 생기면, 기술자가 수리할 것이다. (해커스, 47)

Unit 06-2.

시제_현재진행 / 과거진행 / 미래진행

06-2 He **is checking** on the status of your order. (해커스, 46)

He **was checking** his e-mail when we arrived.

He **will be checking** the files nest week.

A. 현재진행: 현재진행 시제의 형태: am / are / is + -ing

a. 말하는 그 순간에 진행 중인 동작 (~하고 있다)

e.g. I **am attending** the forum now. (토마토, 74)
나는 지금 토론회에 참석중이다.

b. 제한된 기간 진행되는 동작 (~하고 있다)

e.g. I'**m taking** advanced English course this semester.
나는 이번 학기에 심화 영어 코스를 수강하고 있다.

c. 가까운 미래에 예정된 일 (~할 것이다)

e.g. She **is coming** here soon. 그녀는 곧 여기에 올 것이다.

d. 습관적으로 반복되는 동작에 대한 화자의 불만(언제나 ~하다)으로 보통, always, constantly, all the time 등의 부사구와 함께 사용된다. (EPL, 50)

e.g. He **is always leaving** his socks on the floor. I can't stand it.
그는 언제나 바닥에 양말을 벗어 놓는다. 나는 그것을 참을 수가 없다.

e. 최근의 경향 (~하고 있다)

e.g. People **are retiring** earlier these days. 사람들은 요즘 더 빨리 은퇴를 하고 있다.

B. 과거진행/미래진행

a. 과거진행 시제의 형태 : **was / were + -ing**

과거의 특정 시점에 진행 중이었던 동작 (~하고 있었다)을 말한다.

e.g. I **was attending** the forum at 5:00 yesterday. (토마토, 74)
나는 어제 5시에 토론회에 참석중이었다.

b. 미래진행 시제의 형태 : **will be + -ing**

미래의 특정 시점에 진행 중인 동작 (~하고 있을 것이다)을 말한다.

e.g. We **will be traveling** through the city about this time tomorrow.
우리는 내일 이 시간 즈음에 도시를 여행하고 있을 것이다.

C. 진행형을 만들 수 없는 동사

• 감정동사(hate, like, love, prefer), 감각동사(see, hear, smell, feel, taste)

• 소유동사(belong to, have, own, possess), 상태동사(be, resemble, want, need, seem, appear, look)

• 인식동사(remember, understand, think, know) 등

연습문제

※ 다음을 영어로 옮기시오.

1) 그는 언제나 그의 매니저에게 불평을 말한다. (EPL, 50)

2) 나는 기숙사 앞의 길을 건너던 중 얼음 위에서 미끄러졌다.

3) 나는 내일 저녁 내가 좋아하는 TV 쇼를 보고 있을 것이다.

4) 마케팅부서는 여론조사를 하고 있다. (Clinic, 41)

5) 사장님은 회의에 참석하고 있을 것이다.

6) 나는 어제 차를 닦다가, 작은 스크래치를 발견했다. (EPL, 51)

7) 나는 치통으로 울고 있었으나 그는 곧바로 나의 기분을 편안하게 해 주었다.

8) 사무장은 새로운 연구실 기술자들을 찾고 있다. (해커스, 47)

9) 직원들은 어제 밤 매출 보고서 업무를 계속하고 있었다.

10) 내일 이 시간에, 나는 마이애미에서 열리는 아홉 번째 연례 관광 회의에 참석하고 있을 것이다.

Unit 06-3.

시제_현재완료(Ⅰ)

06-3 **Have** you **finished** your breakfast yet? (종합 166)

It **has stopped** raining.

I **have already finished** the work assigned to me.

A. 현재완료(Present Perfect)의 기본 형태

a. 평서문 : **have [has] + p.p.**

e.g. I **have finished** testing the application.

b. 부정문 : **have[has] not[never] + p.p.**

e.g. I **have not finished** testing the application.

c. 의문문 : **have[has] + 주어 + p.p. - ?**

e.g. **Have** you **finished** testing the application?

d. 부정의문문 : **Haven't[Hasn't] + 주어 + p.p. - ?**

e.g. **Haven't** you **finished** testing the application? (EPL, 52)

B. 현재완료의 의미

현재완료는 과거의 일을 현재와 연관 지어 말하는 선 개념의 시제이다.

a. 계속

• '(지금까지) 쭉 ~이다[하다]'로 해석하며, 과거에 시작된 일이 현재까지 계속되고 있음을 의미한다.

• 함께 사용되는 부사: always, for, since, how long 등

e.g. My uncle **has worked** for the company for 5 years.
나의 삼촌은 그 회사를 위해 5년간 일해왔다.

b. 경험

• '(지금까지) ~한 적이 있다'로 해석하며, 과거부터 지금까지의 경험을 의미한다.

• 함께 사용되는 부사: ever, never, once, twice, many times, before, often, sometimes, rarely, seldom, so far 등

e.g. **Have** you **ever met** any celebrity?
너는 유명 인사를 만나본 적이 있니?

c. 결과

• '~했다(그래서 지금 …이다)'로 해석하며, 과거의 일로 인한 '현재'의 결과를 의미한다.

e.g. I am afraid I **have lost** something valuable.
나는 가치 있는 무언가를 잃어버렸을까 봐 두렵다.

d. 완료

• '막 ~했다[해놓았다]'로 해석하며, 이제 막 끝낸 최근의 행동을 의미한다.

• 함께 사용되는 부사: just, already, now, recently, lately, still, yet 등

e.g. Maria **has just arrived** in the hotel. Maria는 막 호텔에 도착하였다.

연습문제

※ 다음을 영어로 옮기시오.

1) Mr. Kim은 20년간 학생들을 가르쳐 왔다. (EPL 52)

2) 너 그곳에 가본 적이 있니?

3) 나의 노트북이 방금 막 수리되었다. (53)

4) 하늘을 봐! 이렇게 많은 별을 본 일이 있니? (53)

5) 우리는 사업에 뛰어든 지 2년 가까이 되었으며, 빠르게 성장하고 있다.

6) 지난 수년 동안 매니저의 역할이 변해왔다. (Clinic, 42)

7) Dupont씨는 1990년부터 Barton시에서 일해 오고 있다.

8) 우리가 여행을 시작한 이래로 방문했던 장소들을 빠짐없이 기록해 둔 목록이 여기 있다. (Eye, 144)

9) 지난 5년 동안 마이라 멜포트는 유럽과 미국에서 타고난 재즈 피아니스트이자 작곡가로 명성을 쌓았다.

10) 지난달의 직원 연수 이후 우리는 직원들의 업무 수행 평가를 진행해오고 있다. (145)

Unit 06-4.

시제_현재완료(Ⅱ)

06-4 He **has been** dead for seven years. (종합, 166)

It **has been raining** since the day before yesterday.

My car **has broken** down. (토마토, 77)

A. 현재완료의 다양한 형태

a. 현재완료 진행형

• 형태 : have[has] + been + -ing

• 의미 : '~해오고 있다, ~하는 중이다'로 해석하며, 과거에 시작한 동작이 현재까지 계속 진행됨을 의미한다. 동작의 '계속성'을 단순 현재완료보다 좀 더 강조하게 된다.

e.g. All employees **have been arguing** for the right to strike.
모든 직원이 파업의 권리를 주장해왔다.
How long **have you been waiting** for her?
너는 얼마나 오래 그녀를 기다려 왔니?

[참고] 동사 자체에 '계속'의 의미가 있는 경우(learn, lie, live, rain, sit, sleep, stand, study, wait, work 등) 현재완료와 현재완료 진행형 중 어느 것을 써도 의미 차이가 거의 발생하지 않는다. 현재완료 진행형으로 표현 시, 동작의 계속성을 보다 강조하게 되는 것이다.

b. 현재완료 수동태

• 형태 : have[has] + been + p.p.

• 의미 : '~되어 왔다, ~해져 왔다'로 해석하며, 과거부터 현재까지 이어져 온 수동의 동작을 의미한다. (EPL, 54)

e.g. The idea **has been considered** seriously since you gave it to us.
네가 그것을 나에게 제시한 이래로 그 생각은 진지하게 고려되고 있다.
I **have been asked** to work harder.
나는 더 열심히 일해야 한다고 요구받아 왔다.

B. 과거시제 vs 현재완료

a. 과거시제

과거의 일이 과거에 이미 끝난 것으로, 과거에 대한 정보만을 나타낸다. 현재와의 연관성은 나타내지 않는다.

b. 현재완료

과거부터 현재까지 계속되는 것, 과거에 일어난 일이 현재에 미친 결과 등 '현재'의 의미를 포함한다.

e.g. I **lost** my wallet. (과거에 잃어버리고 현재 지갑을 찾았는지 알 수 없음)
나는 지갑을 잃어버렸다.
I **have lost** my wallet. (과거에 잃어버리고 현재까지 지갑을 찾지 못한 상태)
나는 지갑을 잃어버렸다.

[참고] 현재완료는 명백한 과거 시점을 나타내는 부사(in + 연도, yesterday, last + 기간, 기간 + ago, just now, when + S + 과거 V, When~? 등)와 함께 사용할 수 없다.

e.g. When **have** you **heard** the news? (×)
When **did** you **hear** the news? (○) 너는 언제 그 뉴스를 들었니?

[주의] 특정 시점을 묻는 When~? 은 완료 시제와 사용하지 않는다는 점에 유의한다.
완료 시제는 선 개념의 시제이므로 특정 시점을 물을 때에 사용할 수 없다.

연습문제

※ 다음을 영어로 옮기시오.

1) 그녀는 두 시간 동안 요가를 하고 있다. (EPL, 55)

2) 그들은 거의 한 시간 동안 전화로 이야기하고 있다.

3) 한국이 최초의 자동차를 1955년에 생산한 이래로, 전 세계에서 5번째로 큰 자동차 생산국으로 성장했다.

4) 나는 Jane을 정오부터 계속해서 기다렸으나, 그녀는 아직도 나타나지 않고 있다.

5) 그는 그의 열쇠를 잃어버렸고, 나도 어제 열쇠를 잃어버렸다. (Clinic, 42)

6) 그는 이곳에서 2년 동안 일해 오고 있다. (토마토, 77)

7) 이 영화 아세요? / 네, 전에 그 영화 본 적 있어요.

8) 방금 일을 끝내서 지금 피곤해요.

9) 이 도시에 살고 있는 많은 주민들은 세 달 전에 가정용 보안 장치를 설치하기로 결정했다.

10) 주지사가 방금 연설을 끝냈다. (76)

Unit 06-5.

시제_과거완료 / 미래완료

06-5 Mr. Mendes **had signed** the agreement before the meeting over. (해커스, 48)

I **will have worked** for three years at this company by next January.

Ms. Miller **will have received** the report by the time the meeting convenes. (49)

A. 과거완료

과거완료 시제의 형태: had + p.p. (주어의 인칭, 수에 무관)

a. 대과거

• 과거의 어떤 때보다 더 이전에 일어난 일

• 함께 사용되는 어구: when, after, before, as soon as, by the time, until 등

e.g. Mr. Ahn **had gone** to bed when the phone rang.
전화가 울렸을 때 Mr. Ahn은 자러 간 뒤였다.

b. 계속, 경험, 결과, 완료

• 현재완료의 시간대인 '과거~현재'를 '대과거~과거'로 옮긴 것이다.

• 잘 쓰이는 어구: 현재완료와 마찬가지로 for, since, ever, never, already, just 등

e.g. He **had stayed** with us for 7 years before he suddenly left. (계속)
그는 그가 갑자기 떠나버리기 전까지 우리와 7년간 함께 지냈다.

I **had never seen** a dead body until then. (경험)
나는 그때까지는 시체를 본 일이 없다.

Rachel **had lost** some weight but looked still healthy. (결과)
Rachel은 몸무게를 감량했지만, 여전히 건강해 보였다.

By the time we got there, we **had already traveled** 200 miles. (완료)(EPL, 56)
우리가 그곳에 도착했을 시점까지, 우리는 이미 200마일을 여행하였다.

c. 과거완료 진행형/수동태

• 과거완료 진행형 : had + been + -ing

e.g. When I first met her, she **had been working** here fore 2 years.
내가 그녀를 처음 만났을 때, 그녀는 여기에서 2년째 일하던 중이었다.

• 과거완료 수동태 : had + been + p.p.

e.g. As a child, I **had been taught** strictly by my parents.
내가 아이였을 때, 나는 부모님께 엄격하게 가르침을 받아 왔었다.

B. 미래완료

• 미래완료 시제의 형태 : will + have + p.p. (주어의 인칭, 수에 무관)

• 미래의 어떤 때를 기준으로 그 시점까지의 동작이나 상태에 대하여 말하는 것이다.

e.g. We **will have lived** in this house for 10 years next month. (계속)
다음 달이면 우리가 이 집에서 산 지 10년째가 된다.
If I meet you by chance again. **I'll have met** you 5 times. (경험)
내가 너를 우연히 또 만난다면, 나는 너를 5번째 보게 되는 것이다.
All the leaves **will have fallen** before you come. (결과)
네가 오기 전에 모든 잎이 떨어져 있을 것이다.
By this time tomorrow, I **will have arrived** at the laboratory. (완료)
내일 이 시간까지, 나는 실험실에 도착해 있을 것이다.

C. 보충자료 (EPL,57)

• ever, never, since, already 등과 어울리는 과거완료

e.g. Cathy had never been sick until she was five.

• 미래 기준 시점이 있는 미래완료

e.g. By this time next year, the couple will have been married for three.

연습문제

※ 다음을 영어로 옮기시오. (먼저 일어난 일은 과거완료, 나중에 일어난 일은 과거시제로)

1) 인간이 처음으로 출현하였을 때에 공룡은 이미 멸종하였다. (EPL, 57)

2) 나는 지난해 캐나다로 이사 오기 전에는 눈을 본 적이 없었다.

3) 수업이 모두 끝났을 때, 비가 멈춰 있었다. 그래서 나는 우산이 더 필요하지 않았다.

4) 그녀는 돈을 아파트에 모두 써 버렸기 때문에 새로운 차를 살 수 없다.

5) Jason이 복권에 당첨되기 이전에, 그는 어떠한 종류의 콘테스트에도 당첨되어 본 일이 없었다.

6) 나는 나를 위해 샀던 유명한 사전을 나의 아들에게 주었다. (종합, 166)

7) 그 여자가 회복할 때쯤 해서 다시 봄이 왔다.

8) 비행기가 이륙하자마자 바람이 몹시 불기 시작했다.

9) 그녀는 자신이 5년 전에 설립한 재단을 방문했다. (토마토, 76)

Unit 07.

태 / 수동태(I)

07 The policeman **caught** the thief. (Toeic 620, 121)

A cake **was made** by Tom.

His son **was made** to go to South America.

A. 능동태와 수동태

a. 기본개념

• 능동태: 주어가 동사의 동작을 하는 문장

• 수동태: 주어가 동사의 동작을 받는[당하는] 문장으로, 기본 형태는 be 동사 + 과거분사 (p.p.) (+ by~)

e.g. My team **made** this program.
(능동태) 나의 팀이 이 프로그램을 만들었다.
This program **was made** by my team.
(수동태) 이 프로그램은 나의 팀에 의해 만들어졌다.

b. 능동태 → 수동태 전환 시 주의할 점

• be 동사는 수동태의 주어에 인칭, 성, 수를 맞춘다.

e.g. The theater **was built** long time ago. 그 극장은 오래전에 지어졌다.

• 구동사: 능동태의 동사가 구동사(여러 단어로 이루어진 동사의 덩어리)일 경우, 구동사를 한 단어처럼 생각하여 수동태로 전환한다.

e.g. The matter **were dealt with** promptly (by them). 그 사안은 즉각 처리되었다.
(그들에 의해) (← They **dealt with** the matter promptly.)(EPL, 58)

[참고] 주요 구동사

① 자동사 + 전치사: account for(~을 설명하다), deal with(~에 처리하다), laugh at(~비웃다), look at(~을 보다) 등

② 동사 + 명사 + 전치사: make use of(~을 사용하다), pay attention to(~에 주의집중하다), take care of(~을 돌보다) 등

③ 동사 + 부사 + 전치사: do away with(~을 그만두다), speak well of(~에 대해 좋 게 말하다), look up to(~을 존경하다) 등

c. 수동태를 사용하는 이유

• 능동태가 동작을 '행하는 것'보다 수동태가 동작을 '받는 것'을 더 강조하고자 하기 위해, 또는 동작을 한 주체가 불분명하거나 굳이 언급할 필요가 없으므로 수동태를 사용한다.

e.g. The house **is painted** by all the classmates
그 집은 모든 반 친구들에 의해 칠해졌다.
Harry Potter books **are sold** in many countries.
해리 포터 책은 많은 나라에서 팔린다.

B. 수동태의 시제

a. 현재 : The new product **is made** by him.

b. 과거 : The new product **was made** by him.

c. 미래 : The new product **will be made** by him.

d. 진행형 : The new product **is being made** by him.

e. 완료형 : The new product **has been made** by him.

연습문제

※ 다음을 영어로 옮기시오.

1) 이전의 수상자들이 3월 17일에 있을 시상식에 우리에 의해 초대될 것이다. (EPL, 59)

2) 그들은 그들이 각 분야의 많은 전문가에 의해 가르침 받고 있다는 것에 만족했다.

3) 헬리콥터에서 내려다보며 그들은 그 강이 공장의 쓰레기에 의해 오염되어 있음을 알았다.

4) 오늘날 휴대전화는 디지털카메라와 음악 재생기로서 우리에 의해 사용될 수 있다.

5) 많은 아이가 매일 다른 친구들에게 놀림을 받고 있다. (are, other classmates)

6) 고객들은 우리의 서비스에 만족했다. (Clinic, 51)

7) 운동부장이 배달 트럭에 치였다. (Toeic 620, 123)

8) 우리의 모든 문제가 해결되었다.

9) 색소폰은 아돌프 색스에 의해 발명되었다.

10) 나는 지갑을 도난당했다. (122)

Unit 07-1.

태 / 수동태(Ⅱ)

07-1 The house **is built** by Jack. (종합 209)

The construction plans **are approved** by the city council. (해커스 54)

Applicants **are required** to bring identification cards to the interviews. (55)

A. 수동태를 만들 수 없는 동사

a. 자동사

자동사는 목적어를 가지지 않는 동사이다. 수동태는 능동태의 목적어를 주어로 취하게 되는데, 자동사는 목적어 자체가 없으므로 수동태로 쓸 수 없다.

• 주요 자동사: happen, occur, arrive, rise, die, (dis)appear, remain 등

e.g. The final shipments of items should **arrive** in stores tomorrow. (○)
물품의 최종 배송이 내일 가게에 도착할 것이다.
The final shipments of items should **be arrived** in stores tomorrow. (×)

b. 상태동사

상태동사는 동작을 나타내지 않고 상태(state)를 나타내는 동사이다. 주어의 의지로 하는 동작이 아니므로 수동태로 표현하면 어색하며, 진행형으로도 표현하지 않는다.

• 주요 상태동사: want, need, own, possess, belong (to) 등

e.g. The earthquake **occurred** this morning. (○) 지진이 오늘 아침에 일어났다.
The earthquake **was occurred** this morning. (×)
The earthquake **is occurring** this morning. (○) (EPL, 60)

B. that 절을 목적어로 하는 수동태의 전환

a. 종속절의 시제가 주절의 시제와 같거나 미래일 경우

• 가주어 it을 문장의 주어로 취하는 경우

e.g. People say **that the girl is adorable.**
사람들은 그 소녀가 사랑스럽다고 말한다.
= **It is said that** the girl is adorable.
그 소녀는 사랑스럽다고 말해진다.

• that 절의 주어를 문장의 주어로 취하는 경우

e.g. People say that **the girl** is adorable.
사람들은 그 소녀가 사랑스럽다고 말한다.
= **The girl is said to** be adorable.
그 소녀는 사랑스럽다고 말해진다

b. 종속절의 시제가 주절의 시제보다 과거일 경우

• 위의 경우와 같으나, to 부정사는 완료형(to have p.p.)을 사용하여 종속절과 주절의 시제 차이를 표현한다.

e.g. People **say** that the girl **was** adorable.
사람들은 그 소녀가 사랑스러웠다고 말한다.
= It **is said** that the girl **was** adorable.
그 소녀는 사랑스러웠다고 말해진다.
= The girl **is** said **to have been** adorable.
그 소녀는 사랑스러웠다고 말해진다.

연습문제

※ 다음을 수동태의 영어 문장으로 옮기시오.

1) 그들은 날씨가 내일 혹은 모레까지 점차 나아질 것이라고 기대한다. (EPL, 61)

2) 사람들은 클레오파트라가 그녀의 살결을 부드럽고 젊게 유지하기 위해 우유에 목욕했다고 말한다.

3) 우리는 비타민이 신체의 에너지 생성에 중요한 역할을 함을 안다.

4) 진실을 알고 있는 모든 이들에게 그 진실을 말하게 하라.

5) 구인광고가 어제 우리 웹사이트에 게시되었다. (Clinic, 51)

6) 일단 주문이 접수되면, 우리가 지불 방식과 함께 계약서를 메일로 보내드릴 것이다. (Eye, 152)

7) 3월 말까지 모든 품목들에 대한 대금을 지불하고 물품을 받아와야 한다. (153)

8) 컴퓨터 네트워크 사업은 흔히 많은 사람들에게 너무도 어려워서 도저히 하기 힘든 것으로 비춰진다. (154)

9) 그 프로그램에 대해 몇 가지 사소한 수정이 가해졌다. (157)

Unit 07-2.

문형별 수동태

07-2 The house **had been built** by Jack. (종합, 208)

Kennedy **was elected** President.

By whom **was** this machine **invented**?

A. 문형별 수동태

목적어를 갖는 모든 능동태 문장은 수동태 전환이 가능하다. 문장의 형식 중 3형식(SVO)뿐 아니라 4형식(SVOO), 5형식(SVOC)의 능동태 문장 역시 수동태로 전환할 수 있다.

a. 3형식(svo)의 수동태 전환

목적어가 하나이므로, 수동태로 전환 시 1형식(SV) 문장이 된다.

e.g. She **found** the missing wallet under the desk.
그녀는 책상 아래에서 사라진 지갑을 찾았다.
→ The missing wallet **was found** by her under the de나.
사라진 지갑이 책상 아래에서 그녀에 의해 찾아졌다.
Her husband **makes** a light breakfast every morning.
그녀의 남편은 매일 아침 가벼운 아침 식사를 만든다.
→ A light breakfast **is made** by her husband every morning.
가벼운 아침 식사가 매일 아침 그녀의 남편에 의해 만들어진다.

b. 4형식(svoo)의 수동태 전환

• 목적어가 두 개이므로 가능한 수동태도 두 개가 된다. 능동태의 직접목적어를 주어로 하여 수동태를 만들게 되면, 간접목적어 앞에 to, for, of 등 적절한 전치사를 넣어주어야 한다는 점에 유의한다. (EPL, 62) e.g. They **showed** the client their house. 그들은 고객에게 그들의 집을 보여주었다.

→ The client **was shown** their house by them.
고객은 그들에 의해 집을 보게 되었다.

→ **Their house** was shown **to the client** by them.
그들의 집은 그들에 의해 고객에게 선보여졌다.

• 능동태의 간접목적어를 주어로 수동태를 만들 때 그 의미가 어색해지는 경우에는, 수동태로 전환하지 않는다. 이 경우, 목적어가 두 개여도 가능한 수동태는 하나이다.

e.g. I bought him **a convertible**. 나는 그에게 컨버터블 승용차를 구입해 주었다.

→ **A convertible** was bought for him. (○) 컨버터블 승용차가 그를 위해 구매되었다.

→ **He** was bought a convertible by me. (×)

c. 5형식(SVOC)의 수동태 전환

목적어와 목적보어를 갖는 문장은 수동태 전환 시 2형식(SVC) 문장이 된다. 목적어는 주어 자리로 보내고 목적보어는 보어 자리에 그대로 남겨 둔다.

e.g. We elected **her** our president. 우리는 그녀를 우리의 대통령으로 선출했다.

→ **She** was elected our president by us. (○)
그녀는 우리의 대통령으로 선출되었다.

→ **Our president** was elected by us. (×)

[주의] 다만 지각 동사나 사역동사에서 목적 보어가 '동사원형(원형 부정사)'인 경우, 수동태에서는 이를 to 부정사로 전환한다는 점에 유의한다.

e.g. I made him wash the car. 나는 그가 차를 닦게 시켰다.

→ He was made **to wash** the car. 그는 차를 닦게 시켜졌다.

D. 보충 (EPL, 63)

e.g. The student will be given a test on the passive voice tomorrow.
Nick was made to stay indoors all day long by his parents.

연습문제

※다음을 수동태 구문으로 쓰시오.

1) 정직과 친절은 나의 부모님에 의해서 나에게 가르쳐졌다. (EPL, 63)

2) 선생님은 그들에게 시험을 다시 볼 기회를 주었다.

3) 케네디는 모든 세상 사람들에게 의해 칭찬을 받는다. (종합, 208)

4) 우리는 그가 누군가에게 불쾌한 말을 하는 것을 본 적이 없다. (EPL, 63)

5) 그 작가 스스로 소설의 원고를 출판인에게 보냈다.

6) 그는 그 방을 들어가는 것이 목격되어졌다. (종합, 208)

7) 과학자는 실험 결과에 실망했다. (Toeic 620, 124)

Unit 08.

부사(I)

08 Women driver **carefully**. (종합, 340)

This is **too** expensive.

Happily he did not die.

A. 부사의 개념 및 역할

부사는 명사를 제외한 '동사, 형용사, 다른 부사 혹은 문장 전체'를 수식하는 품사이다.

a. 동사 수식: 보통 '동사 앞', 또는 '문장 끝(자동사 뒤 / 타동사 + 목적어 뒤)'에서 동사를 수식한다.

e.g. The man **carefully** counted out the books on the desk.
그 남자는 주의 깊게 책상 위의 책들의 수를 세어 나갔다.

• 준동사 수식: 준동사를 앞, 뒤에서 수식한다.

e.g. to carefully listen to the old 어른들의 말을 주의 깊게 듣는 것
to drive fast 운전을 빠르게 하는 것

b. 형용사 수식: 형용사를 앞에서 수식한다.

e.g. Shrek met an **exceptionally** beautiful princess.
슈렉은 빼어나게 아름다운 공주를 만났다.

c. 다른 부사 수식: 다른 부사를 앞에서 수식한다.

e.g. Brian learns languages **incredibly** quickly.
Brian은 믿을 수 없을 만큼 빨리 언어들을 배운다. (EPL. 124)

d. 문장 전체 수식: 문장을 앞, 뒤에서 수식한다.

e.g. **Fortunately**, he could arrive there in time.
He could arrive there in time **fortunately**.
다행히도 그는 그곳에 제시간에 도착할 수 있다.

B. 부사의 형태

<table>
<tr><td>형용사 + -ly</td><td colspan="3">stupid + -ly → stupidly 어리석게</td></tr>
<tr><td>자음 + y → y를 i로 고친 후 + -ly</td><td colspan="3">easi + -ly → easily 쉽게</td></tr>
<tr><td>-ic + -ally</td><td colspan="3">economic + -ally → economically 경제적으로</td></tr>
<tr><td rowspan="7">형용사 = 부사</td><td></td><td>형용사</td><td>부사</td></tr>
<tr><td>hard</td><td>힘든, 어려운</td><td>힘들게, 열심히</td></tr>
<tr><td>early</td><td>이른</td><td>일찍</td></tr>
<tr><td>fast</td><td>빠른</td><td>빨리</td></tr>
<tr><td>well</td><td>건강한</td><td>잘</td></tr>
<tr><td>enough</td><td>충분한</td><td>충분히</td></tr>
<tr><td>high</td><td>높은</td><td>높게, 높이</td></tr>
</table>

[참고] '-ly'가 붙어 뜻이 달라지는 부사: late(늦게) – lately(최근에), high(높이)-highly (매우), near (가까이)– nearly(거의), most(가장)-mostly(대개), shot(짧게) – shotly(곧), hard(열심히)-hardly(거의 ~않는)

연습문제

※ 다음을 영어로 옮기시오.

1) 당신의 친구들을 신중하게 선택하라. (EPL, 125)

2) 그 웨이터는 분주해 보였다.

3) 그 아이들은 정원에서 행복하게 놀고 있었다.

4) Jack의 어머니는 입원해 계시는데 위독하다.

5) 그 할머니는 넘어져서 꽤 심하게 다쳤다.

6) 그들은 결국 그 법을 개정하기로 했다. (토마토, 103)

7) 그것은 확실히 성공적인 프로젝트였다.

8) 디즈니의 신작 만화 영화는 이전의 작품보다 훨씬 더 재미있다. (Eye, 256)

9) 이 멋진 넥타이가 당신에게 잘 어울리는군요.

10) 우리의 목표는 환자들이 건강을 회복하도록 돕는 것이다. (257)

Unit 08-1.

부사(Ⅱ)

08-1 He **always** travels second class. (종합, 340)

I **nearly** missed the bus.

Sue has **already** eaten lunch, but Jack has't eaten it yet.

These birds are **seldom** seen around here.

A. 빈도 부사의 개념 및 위치

a. 빈도 부사는 사건, 동작, 행위가 얼마나 자주 일어나는지를 나타낸다.

always >	usually >	often >	sometimes >	seldom >	rarely >	never
항상	대개	종종	때때로	드물게	좀처럼 ~않는	결코 ~ 않는

b. 빈도 부사의 위치: 일반적으로 be 동사와 조동사의 뒤, 그리고 일반 동사의 앞에 위치하며, 문장 맨 앞이나 맨 뒤에 오는 경우도 있다. 의문문에서는 항상 주어 뒤에 온다.

e.g. Susan is **often** late for school. Susan은 학교에 종종 늦는다.
I will **always** think of you when I hear this song.
나는 이 노래를 들을 때 늘 너를 생각할 것이다.
I have **never** met a famous actor. 나는 유명한 배우를 결코 만나 본 적이 없다.
What time do you **usually** eat breakfast? 너는 보통 몇 시에 아침을 먹니?
I **usually** eat breakfast at seven. 나는 대개 일곱 시에 아침을 먹어. (EPL, 126)

B. 주의해야 할 부사

a. already / yet / still / ever

<table>
<tr><td>already</td><td>긍정문</td><td>이미, 벌써</td><td rowspan="4">ever</td><td>의문문</td><td>지금까지</td></tr>
<tr><td>still</td><td>긍정문, 부정문, 의문문</td><td>여전히, 아직</td><td>부정문</td><td>전혀, 결코</td></tr>
<tr><td rowspan="2">yet</td><td>부정문</td><td>아직</td><td>조건문</td><td>언젠가</td></tr>
<tr><td>의문문</td><td>이미, 벌써</td><td>비교급 / 최상급</td><td>지금까지</td></tr>
</table>

b. so / such

so와 such는 둘 다 '매우'라는 뜻이다. 그러나 so는 부사이므로 형용사나 다른 부사를 수식하고, such는 형용사이므로 명사를 수식한다는 차이가 있다.

e.g. I have never met **so** gentle a lady.
나는 그렇게 매우 친절한 여자를 만나본 적이 없다.
It was **such** a stupid story. 그것은 매우 웃긴 이야기였다.

[주의] 불가산명사나 복수명사를 수식하는 경우에는 관사가 붙지 않는다.

e.g. It was **such** expensive food. 그것은 매우 비싼 음식이었다.
They were **such** nice people. 그들은 참 좋은 사람이었다.

c. 원급 / 비교급 / 최상급 강조 부사

원급	very (매우), too (너무) [주의] very는 비교급을 수식하지 못한다.
비교급	much, even, still, far, a lot, by far (훨씬)
최상급	much, even, by far, quite (훨씬, 단연코)

연습문제

※ 다음을 영어로 옮기시오.

1) 너는 많이 먹은 후에 절대 수영하지 말아야 한다. (EPL, 127)

2) 우리는 지금 좀처럼 서로 보지 못했다.

3) 나는 아직도 그녀에게 우리의 계획에 관해서 어떤 것도 말하지 않았다.

4) 너는 신문을 다 보았니? / 아니, 나는 아직 그것을 보고 있는 중이야.

5) 그는 여전히 일자리를 찾는 중이다. 그는 아직 일자리를 찾지 못했다.

6) 그 회사는 다른 어떤 회사보다도 기술적인 측면에서 훨씬 더 좋은 서비스를 제공한다.

7) 나는 지금까지 이렇게 아름다운 경치를 본 적이 없다. (Toeic 620, 157)

8) 솔직히 말해 그는 아무 말도 하지 않았다. (156)

9) 새로 들여온 기계가 자주 문제를 일으킨다. (Eye, 258)

10) 그는 야외 활동에 참여하는 법이 거의 없다. (Eye, 258)

Unit 09.

조동사 / 준동사

09 The cell phone industry **may** drive cars to advanced technology. (해커스, 184)

You **may** go house now. (Toeic 620, 125)

They proposed that Tom (**should**) be chairman.

A. 조동사의 용법

1) 조동사 뒤에 오는 본동사는 원형을 취한다.

I **will** not **attend** the meeting tomorrow.

2) 조동사가 있는 문장을

- 부정문으로 고칠 때 : 조동사 + not + 본동사 e.g. You must **not** go there
- 의문문으로 고칠 때 : 조동사 + 주어 + 본동사 e.g. **May** I come in?

a. can

① 가능, 허가, 추측 : He **can** read books. (가능)

Can I use your pen? (허가)

Can it be true? (그것이 사실일까?) (추측)

- 'cannot + 동사원형'은 '~일 리가 없다'라는 뜻이고, 'cannot + have + p.p.'는 '~였을 리가 없다'라는 뜻이다.

He **cannot be** a teacher. (그는 교사일 리가 없다.)

He **cannot have been** a teacher. (그는 교사였을 리가 없다.)(TOEIC 620, 125)

b. may

① 허가: '~해도 좋다'는 뜻을 나타내며 과거형은 might이고 부정형은 may not 혹은 cannot이다. 강한 금지를 나타낼 때는 must not을 쓴다.

You **may** go home now. (이제 집에 가도 좋다.)

② 추측: '~일지도 모른다'의 뜻이다. 과거의 일에 대한 추측은 'may have + p.p.'이다.

It **may** be fine tomorrow. (내일은 날씨가 좋을지 모른다.)

Tom **may** have been sick. (톰은 아팠을지 모른다.)

③ 기원: '부디 ~ 하소서'의 뜻으로 바람을 나타내며 may는 이 때 생략하기도 한다.

May he live long! (그 분이 오래 사시길!) (=He live long!)

c. must

① 필요, 의무: '~해야 한다'를 나타낸다. have to는 must와 같은 뜻으로 쓰이고 must의 과거형은 had to, 미래형은 will have to이다.

Tom **must** go now. / Tom **had to** go yesterday.

You **don't have to** go now. (지금 갈 필요가 없다.) (=You **need not** go now.)

② 강한 추측: '~임에 틀림없다'의 뜻을 나타낸다. 반대는 cannot(~일 리가 없다)이다.

'must have p.p.'는 '~했음에 틀림없다'이며, 이의 반대는 'cannot have p.p.'로 '~했을리가 없다'이다.

Tom **must be** a liar. (톰은 거짓말쟁이에 틀림없다.)

Tom **must have been** a liar. (톰은 거짓말쟁이였음에 틀림없다.)

Tom **cannot have been** a liar. (톰은 거짓말쟁이였을 리가 없다.)

d. should

① You **should** not go now. (지금 가서는 안 돼요.) (의무)

② You **should have replied** to the letter sooner. (편지에 대한 답장을 더 빨리 했어야 했는데.) (유감)

③ 제안, 명령, 요구, 주장, 결의의 뜻을 가진 동사 (propose, suggest, order, command, request, insist, decide 등)의 목적어로 쓰인 명사절에서는 'should +동사원형'을 쓰는데, 이때 should는 흔히 생략된다.

They **proposed** that Tom (**should**) be chairman.

e. ought to / used to

ought to와 used to는 두 단어가 하나의 조동사 역할을 한다.

① ought to (마땅히 ~ 하여야 한다.)

You **ought to**(=should) obey your parents.

*ought to의 부정형은 ought not to이다.

② used to (~하곤 했었다.): 과거의 규칙적인 습관

Tom **used to** visit here every weekend. (톰은 주말마다 여기를 방문하곤 했다.)

B. 준동사

1) 준동사(부정사·동명사·분사)의 특징

a. 시제

① 단순형: 술어동사의 시제와 동일한 시점을 나타낸다.

Tom **seems** to be happy. (톰은 행복한 것처럼 보인다.)

He is proud of **being** a lawyer. (그는 자신이 변호사임을 자랑스러워 한다.)

Walking along the street, I met an old friend. (거리를 걷다가 옛 친구를 만났다.)

② 완료형: 술어동사의 시제보다 하나 앞선 시점을 나타낸다.

Tom seems **to have been** happy. (톰은 행복했던 것처럼 보인다.)

He is proud of **having been** a lawyer. (그는 자신이 변호사였음을 자랑스러워 한다.)

Having finished my job. I went to bed. (나는 일을 끝낸 후에 잠자리에 들었다.)

b. 부정(否定)형: 준동사의 부정형은 not이나 never 등 부정어를 그 앞에 붙인다. (TOEIC 620, 126)

① He told me **not** to go. (그는 나에게 가지 말라고 했다.)

② I regret **not** having studied hard when young.

(젊은 시절에 열심히 공부하지 않은 것을 후회한다.) (TOEIC 620, 126)

③ **Not** having received his reply, I wrote again.

(그로부터 답장이 없길래 다시 편지를 썼다.)

c. 의미상 주어

① 부정사의 의미상 주어: for + 목적격(혹은 of + 목적격)

I stepped aside **for her** to pass. (난 그녀가 지나가도록 옆으로 비켜섰다.)

It is very kind **of you** to help me. (나를 도와주시니 참 친절하시군요.)

* 사람의 성질을 나타내는 wise, foolish, kind, polite 등의 말이 앞에 올 때는 'of + 목적격'을 쓴다.

② 동명사의 의미상 주어: 명사나 대명사의 소유격

He is proud of **his son's** being a lawmaker.

③ 분사의 의미상 주어: 주격을 쓴다. **It** being fine, we went for a walk.

2) 부정사

a. 부정사의 종류

부정사의 일반적인 형태는 'to + 동사원형'이지만, to가 없는 원형 부정사도 있다.

Tom likes **to read**. (톰은 독서를 좋아한다.) (to 부정사)

I saw Tom **cross** the street. (톰이 길을 건너는 것을 봤다.) (원형 부정사)

b. 원형 부정사

① 사역동사, 지각동사의 목적보어로 쓰인다.

I made Tom **do** his homework. (톰에게 숙제를 하도록 했다.)

② 관용적으로 원형부정사를 쓰는 경우

He **did nothing but** complain. (그는 불평만 했다.) (nothing but + 원형 부정사)

I **cannot but** scold him. (그를 꾸짖지 않을 수 없다.) (cannot but + 원형부정사)

c. 대부정사(代不定詞): 동일한 부정사의 반복을 피하기 위해 to만 쓰는 것을 말한다.

You need not get up early if you don't want **to**. (to = to get up early)

(일찍 일어나는 것을 원치 않는다면 굳이 그럴 필요가 없다.)

3) 타동사 + 부정사 / 타동사 + 동명사

a. 부정사를 목적어로 취하는 동사**: wish, decide, hope, plan, expect, manage, fail, refuse, afford** 등

I have **decided to go** to the beach this summer.

I **hope to see** you again.

b. 동명사를 목적어로 취하는 동사: admit, avoid, deny, enjoy, finish, quit, give up, mind(싫어하다), miss(놓치다), postpone(미루다), practice, consider 등

I **finished doing** my homework. / I **quit smoking** two years ago.

c. 둘 다를 목적어로 취하지만 뜻이 달라지는 동사

① remember[forget] + to 부정사: ~ 할 것을 기억한다.[잊어버리다] <미래>

remember[forget] + 동명사: ~ 했던 것을 기억하다.[잊어버리다] <과거>

I **remember to see** the woman. (그 여자와 만날 약속을 기억하고 있다.)

I **forgot seeing** the woman. (그 여자를 본 것을 잊어버렸다.)

② regret + to부정사: ~ 하게 되어 유감이다.

regret + 동명사: ~ 했던 것을 유감으로 여기다.

I **regret to say** that he failed in his business. (그가 사업에 실패했다고 말하게 되어 유감이다.)

I **regret not working** harder before. (이전에 더 열심히 일하지 않았던 걸 후회한다.)

d. 둘 다를 목적어로 취하면서 뜻이 달라지지 않는 동사: begin, start, continue, intend

e.g. He **began** to study. (=He began studying.)

4) 분사구문

분사구문이란 때, 이유, 조건, 양보 등을 나타내는 부사절을 접속사와 주어를 생략하고 분사로 시작되는 부사구로 간결히 나타내는 구문을 말한다.

① When he saw the policeman, he ran away. (그는 경찰관을 보자 도망쳤다.)
→ **Seeing the policeman**, he ran away.
(부사절의 주어와 주절의 주어가 동일: 부사절의 주어 생략)

② As it was fine, we went for a walk. (날씨가 좋아서 우리는 산책하러 갔다.)
→ **It being fine**, we went for a walk.
(부사절의 주어와 주절의 주어가 다를 때: 접속사만 생략)

③ If we speak generally, he is a good man.
→ **Generally speaking**, he is a good man.
(종속절의 주어가 일반인이면: 분사구문의 의미상 주어 생략) (TOEIC 620, 128)

연습문제

※ 다음을 영어로 옮기시오.

1) 들어가도 좋습니까? / 예, 들어와도 좋습니다. (종합, 184)

2) 내 생각을 바꾸기를 바라는 것은 태양이 서쪽에서 뜨기를 바라는 것과 같다.

3) 정부가 세금을 올려서 고용주들은 현재 직원들의 급료에서 공제를 더 많이 해야 한다. (Toeic 620, 129)

4) 교통량의 증가로 런던 시(市)는 그 길을 넓힐 계획이다. (129)

5) 화이트 씨의 차를 수리하는 남자는 정비사이다. (토마토, 214)

6) 파티에 초대되었기 때문에, 그는 새로운 옷이 필요하다.

7) 집에 걸어가는 동안에, 나는 새로운 건물이 있음을 알았다. (215)

8) 장례식에 참석했기 때문에, 출근하지 못했다.

9) 저녁을 함께 먹으며, (동시에) 존스 씨와 나는 정치에 대해 논의했다.

10) 바닥을 쓸고 난 후, 그녀는 휴식을 취했다. (216)

11) 고위관리자들은 그 전략이 시장 점유율을 높이는 데 도움이 될 것으로 기대하고 있다. (Toeic 620, 130)

12) 미스 윤은 그 편지가 지난 금요일에 분명히 부쳐졌을 거라고 한다. (130)

13) 그 약은 일단 먹으면 치명적인 결과를 가져온다. (130)

14) 우리는 인사부에 상여금을 지급해 줄 것을 요청했다. (토마토, 119)

15) 아서는 세계적으로 유명한 회사에 채용된 것을 자랑스럽게 여겼다.

Unit 10.

동명사(Ⅰ)

10 **Developing** good organizational skills is a key ingredient for success. (Eye, 170)

She is happy about **seeing** the sculpture. (토마토, 132)

I considered **buying** a new car.

A. 동명사의 형태

동명사는 기본적으로 동사 출신으로, 동사원형에 –ing를 붙여 동사를 명사적으로 활용하는 것이다.

a. 기본형 **: V-ing**

b. 부정형 **: not[never] + V-ing**

c. 수동형 **: being p.p. / having been p.p.**

[참고] 동명사가 동사 need, want, require 등의 목적어로 쓰일 때는 능동형으로 수동의 의미를 나타낼 수 있다.

e.g. My shoes need **mending** 내 신발은 수선이 필요하다.
(= My shoes need to be mended.)

B. 동명사의 역할

동명사는 명사와 마찬가지로 문장 내에서 주어, 목적어, 보어 등의 역할을 한다.

a. 주어 **:** 주어 자리에 올 경우 단수 취급한다.

Having a pet brings more benefits than inconveniences.

애완동물을 기르는 것은 불편함보다 더 많은 이로움을 가져다준다. (EPL, 184)

[참고] 동명사는 동사에서 파생되어 동사의 성질을 지닌다. 따라서 목적어나 보어, 부사구 등을 이끌 수 있다.

e.g. She enjoys **writing** this type of letter. (writing의 목적어 this type of letter)
그녀는 이런 종류의 편지 쓰는 것을 즐거워한다.

Smoking in most public places is prohibited in the United Sates.
(Smoking을 수식하는 부사구 in most public places)
미국 대부분 공공장소에서의 흡연은 금지되어있다.

I apologize again for keeping you **waiting**. (keeping의 목적격 보어 waiting)

b. 동사의 목적어

• 동명사를 목적어로 취하는 동사: enjoy, finish, keep, mind, imagine, avoid, give up, postpone, quit, suggest, consider, discuss, mention 등

e.g. The Board of Education is considering **breaking up** Springfield High School's Football team.
교육 위원회는 Springfield 고등학교 미식 축구팀을 해체하는 것을 고려하고 있다.

I often imagine **lying on** a beach somewhere.
나는 어딘가의 해변에 누워 있는 것을 종종 상상한다.

c. 동명사 용법의 실제

e.g. I would consider getting some counseling.

The audience started leaving before the play was over.

I need to talk with my teacher immediately.

Celine enjoys having a cup of tea after lunch.

You can't avoid going to jail of you commit a serious crime.

연습문제

※ 다음을 영어로 옮기시오.

1) 그 개는 낯선 사람에게 계속해서 짖었다. (EPL, 185)

2) 아이들은 늦게까지 밖에서 계속 놀았다.

3) 새로운 주제에 대해서 논의해보자.

4) 나는 한 시간 내로 에세이 쓰는 것을 끝낼 거야.

5) Greene사는 사무실을 수리할 것을 고려하고 있다. (Clinic, 62)

6) 그녀는 여가 시간을 책을 읽는데 보낸다.

7) 귀하께서 저희를 도와주신 것에 대해 감사드립니다. (토마토, 132)

8) 그는 여행비를 지불받지 못한 것에 대해 불평했다.

9) 나는 유명관광지를 방문하는 것을 선호한다. (133)

10) 우리는 호텔 숙박시설에 머무는 것에 익숙하다. (134)

Unit 10-1.

동명사(Ⅱ)

10-1 She is avoid **paying** the duty. (토마토, 133)
I went **shopping** in the department store. (135)
She felt like **reading** in the departure lounge.

A. 동명사의 역할 II

a. 전치사의 목적어

동사가 전치사의 목적어로 쓰일 때는 동명사의 형태를 취해야 한다. to 부정사나 동사원형은 올 수 없다.

[전치사+동명사가 이끄는 어구]는 문장에서 형용사구나 부사구의 역할을 한다.

e.g. The skill of **speaking** a foreign language takes time to acquire.
외국어를 말하는 능력은 습득하는 시간이 필요하다.
Brush your teeth before **going** to bed. 잠자리에 들기 전에 양치질해라.

[참고] 다음 구문에서 사용되는 to는 to 부정사가 아닌 전치사 to임을 명심하자.
따라서 (동)명사를 목적어로 취한다.

be used to V-ing ~하는 데 익숙하다	look forward to V-ing ~하는 것을 기대하다	object to V-ing ~하는 그것을 반대하다.

b. 보어

보어로 쓰인 동명사는 to 부정사로 대체할 수 있으며, 보통 be 동사의 주격보어로 사용된다.

e.g. The most important skill in gymnastics is **keeping balance**.
(= to keep balance)(EPL, 186)
체조에서 가장 중요한 기술은 균형을 유지하는 것이다. (EPL, 186)

B. 동명사의 문장 전환

접속사 that이 이끄는 문장을 [전치사+동명사구]로 간단하게 전환할 수 있다.
이때 동명사 앞의 적절한 전치사(of, on, for 등) 사용에 유의한다.

a. He **insisted on** paying the bill. 그는 요금을 지불해야 한다고 주장했다.
(= He insisted that he (should) pay the bill.)

b. He **complained of** the room not being clean. 그는 방이 깨끗하지 않다고 불평했다.
(= He complained that the room was not clean.)

c. He **was ashamed of** lying to me. 그는 나에게 거짓말한 것을 부끄러워했다.
(= He was shamed that he lied to me.)

d. He **is sure of** her winning the first prize at the piano contest.
(= He is sure that she will win the first prize at the piano contest.)
그는 그녀가 피아노 경연대회에서 우승할 것이라고 확신한다.

e. He **was proud of** his daughter's having received a scholarship.
(= He was proud that his daughter had received a scholarship.)
그는 딸이 장학금을 받았던 것을 자랑스러워했다.

C. 동명사 쓰임의 실제 (토마토, 130)

e.g. Visiting the museum is my favorite activity. ('S' 역할)
I enjoy visiting the museum. ('O' 역할)
My first interest is visiting the museum. ('C' 역할)

연습문제

※ 다음을 영어로 옮기시오.

1) 그녀는 오빠를 설득하는 것을 포기했다. (EPL, 185)

2) 사용 설명서를 따르기는 쉽다.

3) 나는 인스턴트 음식을 먹는 것이 싫어졌다.

4) 그 호텔 매니저는 예약 정보를 확인하느라 바쁘다. (토마토, 135)

5) 그녀는 그녀가 일주일에 적어도 세 번은 운동해야 한다고 강조했다. (EPL, 185)

6) 그들은 그 강의가 지루했다고 불평한다.

7) 사무실을 새 단장하는 것은 비용이 많이 든다. (Clinic, 60)

8) Wang 씨는 나의 질문에 대답하길 피했다.

9) 물을 많이 마시는 것은 우리가 건강을 유지하는데 도움을 준다. (61)

10) 그들은 매년 신제품을 개발할 것을 제안했다.

Unit 10-2.

동명사의 의미상의 주어, 시제

10-2 I like arranging the trip. (토마토, 132)
Thank **you** for contacting me immediately.
Confirming the reservation is important.

A. 동명사의 의미상의 주어

a. 의미상의 주어를 밝히지 않는 경우

• 문장의 주어와 일치할 경우

e.g. I like going to the movies. 나는 영화 보러 가는 것을 좋아한다.

• 문장의 목적어와 일치할 경우

e.g. Thank **you** so much for inviting us for the party.
우리를 파티에 초대해 주셔서 감사드립니다.

• 의미상의 주어가 불특정 일반인일 경우: e.g. Seeing is believing. 보는 것이 믿는 것이다.

• 굳이 명시하지 않아도 명백할 경우

e.g. **My** hobby is reading a magazine. (문맥상 의미상의 주어는 '나')
내 취미는 잡지를 읽는 것이다.

b. 의미상의 주어를 밝히는 경우

• 의미상 주어가 문장의 주어와 일치하지 않을 경우

e.g. I deeply appreciate **your[you]** doing me a favor.
저는 당신이 저에게 호의를 베푼 것에 깊이 감사합니다. (EPL, 188)
(= I deeply appreciate that **you** do me a favor.)

I wouldn't mind **his[him]** staying here. (= I wouldn't mind if **he** stays here.)
나는 그가 여기에 머무르는 것을 꺼리지 않는다.

• 형태: 명사[대명사]의 소유격 (구어체에서는 목적격을 쓰기도 한다.)

B. 동명사의 시제

a. 단순형 동명사(V-ing): 술어 동사의 시제와 같은 경우 혹은 미래의 일

e.g. Rachel says she is very proud of **being** half Korean.
(= Rachel says she is very proud that she **is** half Korean.)
Rachel은 그녀가 한국의 피가 섞인 혼혈이라는 것을 매우 자랑스럽게 여긴다고 말한다.
He is sure of **passing** the exam.
(= He is sure that he **will pass** the exam.) 그는 시험을 통과할 것이라고 확신한다.

b. 완료형 동명사(having p.p.): 술어 동사의 시제보다 과거의 일 혹은 술어 동사의 시점까지 완료된 일

e.g. He is ashamed of **having been scolded** by his teacher.
(= He is shamed that he **was scolded** by his teacher.)
그는 선생님에게 꾸지람 들었던 것을 부끄러워한다.
He admitted **having made** a serious mistake.
(= He admitted that he **had made** a serious mistake.)
그는 큰 실수를 저질렀던 것에 대해 인정했다.

C. 동명사의 시제 실제

e.g. He couldn't help crying.
Let's go skating today.
Don't be afraid of traveling by plane.
The director is proud of having won the reward.

연습문제

※ 다음을 영어로 옮기시오..

1) 우리는 음식이 맛이 없다고 불평했다. (EPL, 189)

2) 그는 시험에서 부정행위를 한 것을 부끄러워 할 것이다.

3) 내가 지난주에 네게 연락하지 못해서 미안해.

4) 선생님은 수술을 받은 적이 있다고 말씀하셨다.

5) 그녀는 그가 회의에 참석하는 것을 꺼리지 않는다.

6) 사업상 정기적으로 여행하는 것은 그의 직무 중의 하나이다. (Clinic, 61)

7) 저희는 모든 고객들에게 뛰어난 서비스를 제공합니다. (61)

8) 우리는 연결편 항공기를 놓친 것에 대해 걱정하지 않을 수 없다. (토마토, 135)

Unit 10-3.

동명사의 관용표현

10-2 They will need to **spend more time completing** the budget report. (해커스, 75)

Mr. Bayer **had difficulty editing** the manuscripts.

The factory workers **object to working** overtime on Fridays.

A. 동명사의 관용표현

a. on [upon] -ing: ~하자마자

e.g. **On his opening** the front door, his children ran to greet him.
(= As soon as he opened the front door, his children ran to greet him.)
그가 앞문을 열자마자 아이들이 그를 맞이하러 달려 나왔다.

b. It is no use[good] -ing: ~해도 소용없다

e.g. **It is no use regretting** what you have done. 네가 한 것을 후회해도 소용없다.
(= It is useless to regret what you have done.)

c. There is no –ing: ~할 수 없다

e.g. **There is no denying** the charming effect of his smile.
(= It is impossible to deny the charming effect of his smile.)
그의 웃음이 갖는 매력적인 효과는 부인할 수 없다.

d. cannot help –ing: ~하지 않을 수 없다

e.g. I **cannot help admiring** the beautiful scenery. 나는 아름다운 그 경치에 감탄하지 않을 수 없다. (EPL, 190)
(= I cannot but admire the beautiful scenery.)
(= I have no choice but to admire the beautiful scenery.)

e. be worth –ing: ~할 가치가 있다

e.g. The plays by William Shakespeare **are worth seeing**. 윌리엄 셰익스피어의 희곡은 볼 가치가 있다.
(= It is worthwhile to see the plays by William Shakespeare.)

f. have difficulty[trouble, a hard time] (in) -ing: ~하는 데 어려움을 겪다

e.g. The small company is **having a hard time surviving** in the industry.
(= The small company is **having trouble surviving** in the industry.)
그 작은 회사는 업계에서 살아남기 위해 힘든 시간을 보내고 있다.

g. look forward to –ing: ~하기를 고대하다

e.g. I'm **looking forward to working** with you on my next movie.
(= I (gladly) expect to work with you on my next movie.)
나는 다음 영화에서 너와 함께 일하기를 기대하고 있다.

h. prevent ~ (from) -ing, keep ~ from –ing: ~가 …하지 못하게 하다

e.g. The banks **prevent** the river **from overflowing**.
그 둑은 강이 범람하지 않게 막아준다.
(= The banks **keep** the river **from overflowing**.)

i. feel like –ing: ~하고 싶은 생각이 든다

e.g. Neither of them **felt like going** back to sleep.
그들 중 누구도 잠자리에 들고 싶지 않아 했다.
(= Neither of them felt inclined to go back to sleep.)

연습문제

※ 다음을 영어로 옮기시오..

1) 가족을 보자마자 그는 울기 시작했다. (EPL, 191)

2) 나는 그녀와 의사소통 하는데 어려움을 겪었다.

3) 그는 콘퍼런스 참가비를 받기를 고대했다.

4) 네가 날 도와주지 않으면 난 약속을 깰 수밖에 없다.

5) 새로운 학칙에 대해 불평해봤자 소용없다.

6) Hanley 사는 자선 단체에 자금지원을 하는 것으로 알려져 있다. (해커스, 74)

7) 항공사 직원들은 승객을 모시는데 헌신적이어야 한다. (75)

8) 뉴욕 공항에 도착하자마자 나는 고객들 중 한 명에게 전화했다. (토마토, 135)

9) 그 여행객들의 여권은 검사받을 필요가 있다.

10) 나는 해리를 곧 보기를 기대하고 있다. (134)

Unit 11.

분사

11 We sang together **walking** along the path. (반석, 45)

Walking along the street, I met an old friend of mine.

He stood **leaning** against the door.

A. 분사의 개념 및 형태

a. 분사는 동사를 '형용사적'으로 활용할 때 사용되거나, 분사구문의 형태로 접속사가 이끄는 '부사절'을 대신해 사용된다.

b. 분사의 형태와 의미

• 현재분사 (present particle): '동사원형 + -ing'의 형태로, 능동이나 진행의 의미를 나타낸다.

e.g. a **shining** star (= a star that shines) 빛나는 별

She went out **smiling** (= She was smiling.) 그녀는 웃으며 나갔다.

• 과거분사 (past particle): '동사원형 + -(e)d 또는 불규칙' 형태로, 수동이나 완료의 의미를 나타낸다.

e.g. a **locked** door (= a door that has been locked) 잠긴 문

Praised by him, I worked harder. (= I had been praised by him.)

그에게 칭찬을 듣고 난 후 나는 더 열심히 일했다. (EPL, 172)

c. 분사구문의 실제

e.g. The woman standing on the corner is my teacher.

The concert was so interesting.

The book gives you useful information needed to start a business.

B. 분사의 역할

a. 동사 형태

조동사로 사용되는 be, have와 함께 동사의 진행, 완료, 수동을 나타낼 수 있다.

e.g. He was **reading** a book that evening. (진행형) 그는 그날 저녁 책을 읽고 있었다.
I **have eaten** Thai food a few times. (완료형) 나는 태국 음식을 몇 번 먹어보았다.
All flights will **be canceled** because of the storm. (수동형)
모든 비행이 폭풍으로 인해 취소될 것이다.

b. 형용사 역할: 명사를 수식하거나 보어로 쓰일 수 있다.

e.g. **surprising** news
놀라운 뉴스
She seems **interested** in the news.
그녀는 그 뉴스에 흥미로워하는 것 같다.

c. 부사 역할

분사구문의 형태를 취하여, 문장 전체를 수식할 수 있다.

e.g. **Seeing me**, she waved her hand.
나를 보자, 그녀는 손을 흔들었다.
She was **sitting** in a chair reading a book.
그녀는 책을 읽으면서 의자에 앉아 있었다.

d. 분사구문의 실제

e.g. Look at the crying child.
I found the broken window.
Kathy must be delight by unexpected present.

연습문제

※ 다음을 영어로 옮기시오.

1) 어머니는 오르는 물가를 걱정하고 계신다. (EPL 173)

2) David는 그녀의 무성의한 답변에 실망한 듯 보였다.

3) 놀랄 만큼 많은 사람이 그 사고에서 다쳤다.

4) 나의 손을 잡으면서 그 노인은 기뻐하였다. (빈석, 47)

5) 함께 노래하고, 춤추면서 우리는 즐거운 시간을 보냈다. (46)

6) 무대 위에서 춤추고 있는 남자는 나의 삼촌이다,

7) 경찰은 범인의 수법에 경악하게 되었다.

8) 지난해의 판매 수치는 실망스러웠다. (Clinic, 65)

9) Marvel 사는 선도적인 다국적 기업 중의 하나이다.

10) 서명된 계약서는 변경될 수 없다.

Unit 11-1.

명사수식 분사

11-1 **Throwing** snowballs is exciting. (토마토, 145)

I kept her **writing** the diary daily.

The outcome of the negotiations was **surprising**. (146)

A. 현재분사 vs 과거분사

a. 현재분사

• [진행] ~하는

e.g. **flying** birds (=birds which are flying) 날고 있는 새

• [능동] ~시키는, ~하게 하는

e.g. an **exciting** story (= a story which excites the listeners or readers)

b. 과거분사

• [수동] ~된,

e.g. a **broken** glass (= a glass which is broken) 깨진 유리잔

• [완료] ~한

e.g. a recently **retired** football star (= a football star who has recently retired) (EPL, 174)

c. 명사수식분사의 실제

e.g. Broken promises can hurt relationships.
I enjoy the sound of failing raindrops on th roof.
How long can I keep cooked fish in the fridge?

B. 분사의 위치

a. 분사가 단독으로 올 경우: 분사가 명사의 앞에서 수기하는 경우로, 전치수식이라고도 한다.

e.g. Scuba diving is very **exciting** sport. 스쿠버 다이빙은 매우 짜릿한 운동이다.
The boat was full of **excited** scuba divers. 그 보트는 들뜬 스쿠터 다이버들로 가득했다.
(EPL, 174)

b. 분사에 목적어, 보어, 부사(구)등을 수반한 경우: 분사가 명사의 뒤에서 수식하는 경우로, 후치수식이라고도 하여 관계사절로 바꿀 수 있다.

e.g. I know a customer wanting [**to buy a home theater system.**]
나는 홈시어터 구매를 원하는 고객을 알고 있다.
Teachers often have nicknames known [**only by their students.**]
선생님에게는 종종 그들의 제자들에게만 알려진 별명이 있다.

C. 수식 받는 명사와 분사 사이의 거리

분사가 명사의 바로 앞, 뒤에 위치하는 때도 있지만 명사와 떨어져 있을 수도 있다. 이때, 분사의 올바른 형태를 물어보는 경우가 많으니 주의한다.

e.g. There are many students in my class [study / **studying**] Chinese. (공부하는)
우리 반에는 중국어를 공부하는 학생들이 많다.
The survey shows our [to eat / **eating**] and **exercising** habits. (먹는 습관)
그 조사는 우리의 식습관과 운동습관을 보여준다.

D. 분사의 실제 (EPL, 175)

e.g. She sent an-email to the editor about the error in the article
[publishing / published] last week.
Those [participating / participated] in the trip will have the chance to see the world in a completely new light.

연습문제

※ 다음을 영어로 옮기시오.

1) 빗속에서 버스를 기다리는 사람들은 젖고 있다. (EPL, 174)

2) 어젯밤 폭풍에 부서진 창문은 지금 수리되었다.

3) 너는 시간을 정해 놓고 그것을 지키려고 노력해야 한다.

4) 이것은 내가 가장 좋아하는 가수 Amy Winehouse에 의해서 쓰인 노래다.

5) 너 혹시 차고 모퉁이에서 먼지에 덮인 자전거 봤니?

6) 6박 이상을 머무는 손님에게 무료 세탁 서비스가 제공된다.

7) 아이들은 흥분된 상태이다. (토마토, 145)

8) 나는 매일 일기가 쓰여지게 했다.

9) 예정되었던 회의가 연기되었다. (Clinic, 64)

10) Jones Avenue에 위치한 그 식당은 유명하다. (64)

Unit 11-2.

보어 분사

11-2 He came home **disappointed**. (반석, 43)

He died **young**.

He was born **blind**. (44)

A. 주격보어(EPL, 176)

주격보어는 주어의 동작, 상태 등을 보충 설명한다. 2형식 문장에서 볼 수 있는 문장성분이다.

a. 현재분사 보어

e.g. Traveling abroad with friends sounds very **exciting**.
친구와 해외여행 하는 것은 매우 신날 것 같다.
It gets **boring** to eat the same thing every day.
매일 똑같은 것을 먹는 것이 지겨워지고 있다.

b. 과거분사 보어

e.g. He sat there **moved** by the movie.
그는 그 영화에 감동한 채 거기 앉았다.
She remained **absorbed** in the work for the whole night.
그녀는 밤새도록 그 일에 몰두해 있었다.

c. 주격보어의 실제

e.g. She heard them (   ) outside. (play / playing)
I saw the man (   ) the house. (enter / entering)
I had my purse (   ). (stolen)

B. 목적격 보어

목적격 보어는 목적어의 동작, 상태 등을 보충 설명한다. 5형식 문장에서 볼 수 있는 문장 성분이다.

a. 현재분사 보어

e.g. We had a taxi **waiting** for us.
우리를 기다리는 택시가 있었다.
He couldn't get the machine **working**.
그는 기계를 작동할 수 없었다.
I found her **crying** on the bed.
나는 그녀가 침대 위에서 우는 것을 발견했다.
I heard her **singing** a song loudly.
나는 그녀가 크게 노래 부르는 것을 들었다.

[참고] 원형 부정사 보어와의 비교
I heard her **singing** a song loudly. (노래 일부를 들은 경우)
I heard her **sing** a song loudly. (노래를 처음부터 끝까지 들은 경우)

b. 과거분사 보어

e.g. I heard my name **called**.
나는 내 이름이 불리는 것을 들었다.
She couldn't make herself **heard** above the noise.
소음 때문에 그녀의 말은 들리지 않았다.
He had his car **repaired**.
그는 자기 자동차가 수리되도록 했다.
I just got my wisdom teeth **pulled** out.
나는 사랑니를 뽑았다.
We kept the windows **closed** all day.
우리는 온종일 창문을 닫아놓았다.

연습문제

※ 다음을 영어로 옮기시오.

1) 친구들과 해외여행 하는 것은 매우 흥미롭게 들린다. (EPL, 177)

2) 똑같은 것을 매일 먹는 것은 지겹다.

3) 나는 최근에 스노보드에 관심이 생겼다.

4) 난 그 게임의 규칙들을 이해하는 것이 혼란스러웠다.

5) 우리는 스핑크스 앞에서 사진을 찍었다. (누군가 우리를 사진 찍어줌)

6) 그는 갑작스러운 소식으로 우리를 놀라게 했다.

7) EM House에 의해 출판된 책은 매진되었다. (Clinic, 65)

8) 협상 결과는 놀라웠다. (토마토, 146)

9) 완성된 안건에 오류가 많다. (146)

10) 계약서에 서명하는 사람은 내 상사이다. (146)

Unit 11-3.

감정을 나타내는 분사

11-3 The interesting lecture left participants **satisfied**. (토마토, 147)

He seemed **embarrassed** about the **disappointing** result.

The road system in the city center is **confusing** for visitors. (Clinic, 66)

A. 감정을 나타내는 분사

a. 현재분사: 다른 대상에게 어떤 감정을 느끼게 할 때

e.g. The news was very **surprising**. ('놀라게 하는' 뉴스)
그 뉴스는 매우 놀라웠다.

b. 과거분사: 어떤 감정을 느끼게 될 때

e.g. People looked **surprised** at the news. ('놀란' 사람들)
사람들은 그 뉴스에 놀란 것처럼 보였다. (EPL, 178)

B. 감정을 나타내는 빈출 분사

interest 흥미를 끌다	interesting (흥미를 갖게 하는) interested (흥미를 갖는)	excite 들뜨게 하다	exciting (신나게 하는) excited (신이 난)
bore 지루하게 만든다	boring (지루하게 하는) bored (지루한, 싫증 난)	amaze 놀라게 하다	amazing (놀라게 하는 amazed (놀란)
satisfy	satisfying (만족하게 하는) satisfied (만족한)	frighten 겁먹게 하다	frightening (무섭게 하는) frightened (무서워하는)

surprise 놀라게 하다	surprising (놀라게 하는) surprised (놀란)	depress 우울하게 만든다	depressing (우울하게 하는) depressed (우울한)
embarrass 당황스럽게 하다	embarrassing (당황하게 하는) embarrassed (당황한)	confuse 교란하다	confusing (교란하는) confused (혼란스러운)
shock 깜짝 놀라게 하다	shocking (놀라게 하는) shocked (놀란)	disappoint 실망하게 하다	disappointing (실망하게 하는) disappointed (실망한)
please 기쁘게 하다	pleasing (즐겁게 하는) pleased (즐거운)	annoy 짜증 나게 하다	annoying (짜증 나게 하는) annoyed (짜증 난)
frustrate 좌절시키다	frustrating (좌절시키는) frustrated (좌절한)	exhaust 지치게 하다	exhausting (지치게 하는) exhausted (지친)

e.g. I'm **pleased** to hear you are feeling better.
나는 네가 기분이 좋아지고 있다고 하니 기쁘다.
That **annoying** buzz is coming from the speakers.
신경에 거슬리는 그 윙윙거림은 스피커로부터 나오고 있다.

C. 감정을 나타내는 분사 실제 (EPL, 178-179)

e.g. I was very interested in musical.
Her explanations make him confused.
It is not true that learning math is boring.
You never made me bored with you story.
Blessed is he who expects nothing, for he shall never be disappointed.

연습문제

※ 다음을 영어로 옮기시오.

1) Lee 선생님은 재미있는 분이어서 모든 학생이 그녀의 수업을 좋아한다. (EPL, 179)

2) 통조림에 붙어 있는 라벨은 (사람들을) 매우 혼란시킬 수 있다.

3) 그 남자애들은 축구를 한 후, 지쳐 집으로 돌아왔다.

4) 영희는 결과에 만족한 듯 보여. 그녀가 미소 짓고 있는 걸 봐.

5) 그는 실망스러운 결과에 난처한 듯 보였다. (토마토, 147)

6) Blare 사는 제한된 주차 공간을 가지고 있다. (Clinic, 66)

7) 오르고 있는 연료비 때문에 많은 사람들이 대중교통을 이용한다.

8) 그들은 우리 제품에 만족스러워했다. (66)

9) Nava 은행은 귀하의 계정에 대한 업데이트된 정보를 제공한다.

10) 그녀의 설명은 그를 혼란스럽게 한다. (EPL, 179)

Unit 11-4.

분사구문(I)

11-4 **Delivering your talk**, you need to speak clearly. (Clinic, 67)

Before making a decision, you should consult an expert.

(Being) **Unemployed**, he keeps looking for a new job.

A. 분사구문의 이해

a. 분사구문은

① 접속사가 이끄는 부사절의 '접속사'를 생략하고,

② 부사절의 주어와 주절의 주어가 같은 경우, 부사절의 '주어'를 생략한 후,

③ 주절의 동사와 부사절의 동사 시제가 같을 때, 남아있는 부사절의 '동사'를 -ing 형태의 분사로 바꾼 형태이다.

B. 분사구문 만들기(기본)

a. 접속사 + 주어1 + 동사1, 주어2 (대명사[주어1과 동일]) **+ 동사2 ~ ~**

→ ~~접속사 + 주어1~~ + 동사1 + ing, 주어2 + 동사

e.g. After Tom arrived home, he went to bed.

① 접속사 After를 생략한다. 단, 부사절 접속사의 의미를 분명히 하고자 할 경우, 접속사를 생략하지 않고 그대로 두기도 한다.

→ Tom arrived home, he went to bed.

② 부사절의 주어와 주절의 주어가 같으므로, 부사절의 주어 Tom을 생략한다.

→ arrived home, Tom went to bed.

③ 주절의 동사와 부사절의 동사 시제가 같으므로 부사절의 동사를 -ing 형태의 분사로 바꾼다.

→ **Arriving home**, Tom went to bed.

C. 분사구문의 형태 I

a. 분사구문의 의미상 주어: 부사절의 주어와 주절의 주어가 다른 경우, 부사절의 주어(분사구문의 의미상의 주어)를 생략하지 않고 분사 앞에 그대로 둔다.

e.g. When I was sick, mom took care of me.
→ X I being sick, mom took care of me. 내가 아팠을 때, 엄마가 나를 간호해 주셨다.

b. 부사절이 [there + be 동사]인 경우, 분사 앞에 there를 쓴다.

e.g. Because there was no bus so late at night, I had to catch a taxi.
밤늦게 버스가 없었기 때문에 나는 택시를 잡아야만 했다.
→ **There being** no bus so late at night, I had to catch a taxi.

c. [with + (대)명사 + 분사]: ~을 ...한 채로, ~을 ...하며

- 분사 앞에 [with + 분사의 의미상 주어]가 붙은 것으로, 주절의 동작과 동시에 일어나는 상황을 나타낸다.
- 분사의 형태: (대)명사와 분사가 능동 관계이면 현재분사, 수동 관계이면 과거분사를 사용한다.

e.g. She kept silent **with her eyes swimming** with tears.
≒ She kept silent. Her eyes were swimming with tears.
그녀는 눈물을 글썽이며 아무 말이 없었다.

연습문제

※ 다음을 영어로 옮기시오.

1) 그의 아내는 와인 병을 열고, 몇 잔을 따랐다. (EPL, 181)

2) 빙판 위에서 스케이트를 타다가, 나의 아들이 다리를 다쳤다.

3) 쉬운 영어로 쓰여 있으므로, 그 소설은 읽고 이해하기 쉽다.

4) 비가 떨어지기 시작할 때 우리는 택시를 탔다.

5) 건물에 들어갈 때, 방문객들은 신분증을 제시해야 한다. (Clinic, 67)

6) 영수증을 제시한다면, 고객들은 전액환불 받을 수 있다.

7) 경찰관을 보자마자 그 강도는 도망쳐 버렸다. (반석, 46)

8) 그는 나에게 고함을 지르면서 돌을 던졌다. (47)

Unit 11-5.

분사구문(Ⅱ)

11-5 **Shipping from the warehouse**, some digital cameras were damaged. (Clinic, 67)

When promoted to vice president, he moved to the main office.

Receiving the related documents, we will process your application.

A. 분사구문의 형태 II

a. 부정형 : not [never]을 분사 바로 앞에 둔다.

e.g. Because he didn't know what to say, he remained silent.

→ **Not knowing** what to say, he remained silent.

그는 무엇을 말해야 하는지 몰랐기 때문에 아무 말이 없었다.

b. 완료형(having p.p.) : 부사절이 주절보다 앞서 일어난 일인 경우

e.g. After Barry had cleaned the kitchen, he phoned his girlfriend.

→ **Having cleaned** the kitchen, Barry phoned his girlfriend.

Barry는 부엌 청소를 한 후에 그의 여자 친구에게 전화했다.

c. 수동형 : 기본형(being p.p.) / 완료형(having been p.p.)

being과 having been은 생략하고 p.p.만 쓰는 경우가 많다.

e.g. When it is seen from a distance, it looks like an eagle.

→ **(Being) Seen** from a distance, it looks like an eagle.

거리를 두고 보았을 때 그것은 마치 독수리처럼 보인다. (EPL, 182)

B. 분사구문의 의미

a. 부대상황

등위접속사 and의 의미를 대신한다. 1) 동시동작 2) 연속동작 3) 결과를 나타낸다.

e.g. Jennifer smiled widely, **approaching** him. (동시동작) Jennifer는 그에게 다가가면서 환하게 웃었다.

b. 시간

while, since(~이후로), when, before, after, as soon as 등이 이끄는 부사절을 대신한다.

e.g. **Waiting for** the bus, they chatted about the new game.
(= While they were waiting for ~) 버스를 기다리는 동안 그들은 새로운 게임에 관해서 이야기했다.

c. 이유

because, as, since(~ 때문에) 등이 이끄는 부사절을 대신한다.

e.g. **Having gotten up** too early, he was very tired. (= Because he had gotten up early, ~) 그는 너무 일찍 일어났기 때문에 매우 피곤했다.

d. 조건 : if가 이끄는 부사절을 대신한다.

e.g. **Turning to** the left, you will find Greenmarket Square.
(= If you turn to the left, ~) 왼쪽으로 돌면, 너는 Greenmarket Square를 찾을 것이다.

e. 양보

although, (even) though, while 등이 이끄는 부사절을 대신한다.

e.g. **Running** as fast as possible, he still wasn't able to catch he bus.
(= Although he ran as fast as possible, ~)
비록 그가 가능한 한 빨리 달리긴 했지만, 그는 여전히 버스를 잡을 수는 없었다.

연습문제

※ 다음을 영어로 옮기시오.

1) 그녀는 몸 상태가 좋지 않아 온종일 집에 있었다. (EPL, 183)

2) 나는 모든 책을 다 읽었기 때문에 읽을 것이 없다.

3) Daniel은 그의 성적에 대해 질문 받았을 때 화가 났다.

4) 그는 앞으로 몇 발짝을 걸어간 후 주위를 둘러봤다.

5) 모든 것을 고려한다면 그녀는 구직제안을 받아들일 것이다.

6) 경찰에 의해 목격된 도둑은 자동차 훔치는 것을 포기했다.

7) 손자들에게 둘러싸여 그 노인은 마지막 숨을 거두었다. (반석, 45)

8) 나는 무릎을 꿇고 그의 용서를 빌었다. (46)

9) 그가 에세이를 수정하는 동안, 그는 몇 가지 실수를 알아냈다. (해커스, 82)

10) 모든 변경 사항에 동의했기 때문에, Ms. Thomas는 계약서에 서명했다.

Unit 12.

전치사(I)

12 There must be a solution **to** the problem. (Clinic, 145)

Mr. Price has been president **of** the bank for 7 years.

We have received **about** 20 inquiries since the commercial first aired last week.

A. 전치사와 전명구

a. 전치사: 전치사는 명사(구)를 목적어로 취하며, 시간, 장소, 방향 등을 나타낸다.

e.g. at 8 o'clock / in thc room / toward the river
정각 8시에 / 그 방에서 / 강을 향해

b. 전명구: 전치사는 뒤에 목적어가 되는 명사(구)를 동반하여 '전명구'를 이룬다.

e.g. in (전치사) + the basket (전치사의 목적어) = in the basket (전명구)

• 전치사의 목적어는 전치사 뒤에 위치하여 '전치사와 함께 하나의 의미 단위를 이루는 명사(구)'이다.

e.g. with a toy(명사)	with him(대명사)	with knocking(동명사)	with what they said(명사절)
장난감을 가지고	그와 함께	두드리면서	그들이 말했던 것으로

c. 전명구의 역할: 문장에서 형용사나 부사, 즉 수식어구의 역할을 한다. (EPL, 128)

e.g. The items **in the basket** are unknown. (앞의 명사를 수식하는 형용사 역할)
바구니 안에 있는 물건들은 알려지지 않았다.
I put some money **in the basket**. (동사를 수식하는 부사 역할)
나는 바구니 안에 약간의 돈을 넣어두었다.

B. 시간과 장소의 전치사

a. at, on, in은 시간과 장소를 나타내는 대표적인 전치사로 의미 차이에 유의한다.

at	시간	구체적 시각, 시점	at 6 o'clock, at dawn, at noon, at the end of the year
		하루 중 밤 / 정오 / 자정	at night, at noon, at midnight
	장소	위치, 장소의 한 지점	at the party, at the hotel, at home
on	시간	특정한 날	on Sunday, on July 9, on weekends
	장소	접촉하고 있는 지역 또는 거리	on the table, on the street, on the second floor
in	시간	월, 계절, 연도, 세기	in the morning, in the afternoon, in the evening
	장소	하루 중 오전 / 오후 / 저녁	in Korea, in Europe, in town, in the meeting room

b. 기타

above / over (~위에), below / under (~아래에), beside / next to (~옆에), between / among (~사이에), near (~가까이), within (~내에), around (~주위에), toward(s) (~쪽으로), for (~을 향해), into (~안으로), out of (~밖으로), across (~을 가로질러), through (~을 통과하여), along (~을 따라서)

e.g. Please let me off **at** the next bus stop.
다음 버스 정거장에서 내려주세요.
He held a large umbrella **over** his daughter.
그는 자기 딸 위로 큰 우산을 들었다.
A little girl rushed **into** the room.
어린 소녀 한 명이 방 안으로 달려왔다.
I jumped **out of** bed and ran downstairs.
나는 침대 밖으로 뛰어 내려와 아래층으로 달려갔다.
Let's take a picture. Stand **between** Nancy and me.
사진을 찍자. Nancy와 나의 사이에 서라.

연습문제

※ 다음을 영어로 옮기시오.

1) 나는 그와 함께 공원에 갔다. (종합, 360)

2) 그는 시골에서 운전하기를 좋아한다.

3) 그는 테이블 아래에서 나왔다.

4) 그는 마음이 내켜야 일을 한다.

5) Jane은 자기 옆에 있는 남자에게 말을 걸었다. (EPL, 129)

6) Ann은 자기 책들을 책상 위에 놓았다.

7) 우리는 고객들과 계약협의를 했다. (Clinic, 146)

8) 그 회사는 토론토에 사무실을 개설했다.

Unit 12-1.

전치사(Ⅱ)

12-1 He has lived **in** Seoul **for** ten years. (종합, 362)

During the night the rain changed to snow.

I remained **in** town **through** the summer.

A. 혼동되는 전치사

a. for vs during

for와 during은 둘 다 '~동안'으로 해석한다. 그러나 for의 뒤에는 기간의 길이가, during의 뒤에는 특정한 기간이 따라 나온다는 점에서 구분된다. for 뒤의 기간은 'how long ~?'에 대한 대답이며, during 뒤의 기간은 'when ~?'에 대한 대답으로 볼 수 있다.

e.g. We watched television **for two hours** last night.
우리는 어젯밤에 두 시간 동안 텔레비전을 시청했다.
Jack stayed in Miami **during the summer vacation**.
Jack은 여름 휴가 동안 마이애미에 머물렀다.

b. by vs until

by와 until은 둘 다 '~까지'로 해석한다. 그러나 by는 '기한'을 나타내어, 그 기한 내에 일회성의 동작이나 상태가 완료됨을 나타내고, until은 계속되던 동작이나 상태가 '끝난 시점'을 나타낸다는 점에서 구분된다.

e.g. We'd better hurry. We have to be at home **by** 5 o'clock.
서두르는 게 좋겠다. 우리는 5시까지 집에 가야만 한다.
He stayed in bed **until** half past ten.
그는 10시 반까지 침대에 누워 있었다. (EPL, 130)

c. between vs among

between과 among은 둘 다 '~사이에'로 해석한다. 그러나 between은 두 개의 대상 사이에서 사용되고, among은 세 개 이상의 대상 사이에서 사용된다는 점에서 구분된다.

e.g. It's **between** the supermarket **and** the post office.
그것은 슈퍼마켓과 우체국 사이에 있어.
I found a photograph **among** a pile of old books.
나는 한 무더기의 오래된 책들 속에서 사진 하나를 발견했다.

d. in vs after

in과 after는 둘 다 '~후에'로 해석한다. 그러나 in은 주로 그 시간 s에 어떤 일이 행해 짐을 의미하지만, after는 그 시간 이후에 일이 발생함을 의미한다는 점에서 구분된다.

e.g. I'll visit N.Y again **in** two years.
나는 2년 후에 뉴욕을 다시 방문할 거야
We'll leave **after** lunch.
우리는 점심 먹고 나서 떠날 거야.

e. from vs since

from과 since는 둘 다 '~로부터'로 해석한다. 그러나 from은 단순히 시작점만을 나타내거나, 시작점과 끝점을 제시하여 과거, 현재, 미래 시제와 모두 어울리지만, since는 시작점을 나타냄과 동시에 동작이 현재까지 '계속됨'을 나타내어 주로 완료시제와 어울린다.

e.g. He worked as a teacher **from** 1991 to 1999.
그는 1991년부터 1999년까지 교사로 일했었다.
He has worked as a teacher **since** 1991.
그는 1991년 이후로 교사로 일하고 있다.

연습문제

※ 다음을 영어로 옮기시오.

1) 사무실에 도착하자마자 해밀턴 씨는 경쟁사들을 조사했다. (토마토, 160)

2) 지난 몇 년 동안, 우리의 수출량이 2배로 늘었다.

3) 나는 다음 주 내내 가격 변동을 지켜볼 것이다.

4) 나는 영화를 보는 중에 잠들어 있었다. (EPL, 130)

5) 그 기차는 몇 분 후에 떠날 것이다.

6) 우리는 오늘 아침 9시부터 수업을 받아 왔다.

7) 오늘부터 3주간 여름방학이다.

8) 근무 시간 중에는 개인적인 일을 처리할 수 없다. (Clinic, 147)

9) 그 협회 웹사이트는 이번 달 말까지 운영 가능해질 것이다. (146)

10) 추후 통지가 있을 때까지 식당은 폐쇄된다. (147)

Unit 12-2.

전치사(Ⅲ)

12-2 The subway station entrance is located **across** the street. (해커스, 126)

We regard Mozart **as** a genius in music. (EPL, 132)

Tom stayed here **through** the vacation. (Toeic 620, 147)

A. 기타 전치사

a. 원인, 이유의 전치사

because of (due to / owing to / on account of), for, from, of, with : ~ 때문에

e.g. **Because of** the sudden snow, few people arrived at the meeting on time.
갑작스러운 눈 때문에 모임에 정각에 도착한 사람들은 거의 없었다.
I could not sleep **for** the pain in my leg.
나는 내 나리의 통증 때문에 잠을 잘 수 없었다.
The actor died **of** stomach cancer.
그 배우는 위암으로 죽었다.

b. 수단, 도구의 전치사

- by : ~을 이용하여 (by + 교통수단 '~을 타고' / by + -ing '~함으로써')
- with (+ 도구, 수단), ~으로, ~을 써서
- through (+ 수단, 매체) : ~을 통해, ~에 의해, (기간) : ~내내

e.g. I have to travel 50 minutes **by** subway to get to my office.
나는 내 사무실에 가려면 50분간 지하철로 이동해야 한다.
She wiped her lipstick off **with** a tissue.
그녀는 화장지로 립스틱을 닦아냈다.
Concert tickets are being sold **through** the Internet.
콘서트 표가 인터넷을 통해 판매되고 있다. (EPL, 132)

c. 전치사의 실제

e.g. Ann was tied up **with** house hold chores.
That brillant idea flashed **through** his mind.

d. 그 밖의 전치사

• from / of (+ 기점, 출처, 재료): ~에서, ~로부터

e.g. Wine is made **from** grapes (c.f. The bridge is made of steel.)

와인은 포도로 만들어진다.

• despite / in spite of: ~에도 불구하고

e.g. We had a wonderful holiday, **despite** the bad weather.

B. 전치사구를 동반하는 동사구문

간주의 as	regard[look upon, think of, view] A **as** B : A를 B로 여기다.
이유·대가의 for	blame[criticize, scold] A **for** B : A를 B의 이유로 비난하다.
방해·억제의 from	prevent[keep, stop, discourage] A **from** B : A를 B로부터 막는다
구별의 from	distinguish[tell, know] A **from** B : A를 B와 구별하다. separate A **from** B : A를 B로부터 분리하다.
분리·박탈의 of	rob[deprive, clear] A **of** B : A에게서 B를 빼앗는다
이유·탓의 to	owe A **to** B : A를 B의 탓[덕분]으로 돌리다.
재료·공급의 with	provide[supply, present] A **with** B : A에게 B를 공급하다. fill A **with** B : A를 B로 채운다

C. 전치사구문의 실제

e.g. The woman fed the baby [with / by] a spoon.
He was late [because of / in spite of] heavy traffic.
My uncle died [by / of] a heart attack.
Have you filled your printer [of / with / from] paper and ink?

*with, because of, of, with.

연습문제

※ 다음을 영어로 옮기시오. (EPL 133)

1) 그의 실패는 그의 노력 부족 때문이었다.

2) 우리는 케이블카를 타고 산 정상에 도착할 수 있다.

3) 이 아름다운 드레스는 실크로 만들어졌다.

4) 아프리카의 많은 사람이 에이즈로 고통받고 있다.

5) 그녀는 자기 날씬한 몸매를 훌륭한 식단과 운동 탓으로 돌린다.

6) 당신은 당신의 모든 문제를 이유로 정부를 비난할 수 없다.

7) 호텔 투숙객은 무료로 수영장을 사용할 수 있다. (해커스, 127)

8) 그 업무는 5월 말까지 지속된다. (Clinic, 148)

9) 그 편지는 잘못된 주소로 발송되었다.

10) 화재경보기는 복도에 있어야 한다.

Unit 13.

접속사(I)

13 Coffee **or** tea will be severed during the seminar. (해커스, 135)

Mr. Kim's presentation begins at either two **or** three this afternoon. (134)

The retirement party for Mr. Kim is not this Friday **but** next Friday.

A. 접속사의 개념 및 종류

a. 접속사는 단어와 단어, 구와 구, 절과 절을 연결하는 역할을 하는 품사이다.

e.g. **Tom** and **Jerry** fight all the time → Tom과 Jerry는 늘 싸운다.

e.g. **People smile** when **they are happ** → 사람들은 행복할 때 미소를 짓는다.

b. 접속사에는 대등한 단어, 구, 절을 연결할 때 사용하는 등위접속사

등위접속사와 다른 단어가 짝을 이루어 함께 쓰이는 상관접속사, 다른 문장에 종속된 문장을 이끄는 종속접속사가 있다.

등위접속사	and, but, or, so, for 등
상관접속사	both A and B, (n)either A (n)or B, not A but B, not only[just] A but (also) B 등
종속접속사	when, while, as, until, after, because, as, since, if, although, that, what, which 등

등위접속사로 연결되는 절은 서로 대등한 관계에 놓여 있어 '등위절'이라고 한다. 종속접속사가 이끄는 절인 '종속절'은 종속절과 연결되는 절인 '주절'에 대하여 특정 역할을 수행한다. 종속절은 그 역할에 따라 각각 명사절, 형용사절, 부사절로 나눌 수 있다.

e.g. She doesn't believe **the rumor**. (명사 — 목적어) → 그녀는 그 소문을 믿지 않는다.

e.g. She doesn't believe **that I love her**. (명사절) → 그녀는 내가 그녀를 사랑하는 것을

믿지 않는다.
(that~절은 the rumor와 같이 목적어 역할을 수행)

e.g. Michael Jordan was an **unstoppable** player. (형용사 — 명사 수식)
→ Michael Jordan은 막을 수 없는 선수였다.

e.g. Michael Jordan was a player **who nobody could stop**. (형용사절)
→ Michael Jordan은 아무도 막을 수 없는 선수였다.
(who~절은 unstoppable과 같이 형용사 역할을 수행)

e.g. The accident happened **last night**. (부사 — 문장 전체 수식)
→ 그 사고는 지난밤에 발생했다.

e.g. The accident happened **when the factory was struck by lightning**.
(부사절)
→ 그 사고는 그 공장이 번개에 의해 타격을 입었을 때 발생했다.
(when~절은 last night과 같이 부사 역할을 수행)

B. 접속사의 수

접속사는 두 개의 절을 연결하므로 절이 두 개일 때, 접속사는 하나만 올 수 있다. 따라서 접속사의 수는 항상 절의 개수보다 하나가 적게 된다. 쉽게 말하면, 접속사의 수는 동사의 수에서 1를 뺀 것이다.

e.g. As we don't use the car often, **so** we've decide to sell it. (×)
- 동사 2개, 접속사 2개로 비문

e.g. As we don't use the car often, we've decide to sell it. (○)
- 동사 2개, 접속사 1개

e.g. We don't use the car often, **so** we've decide to sell it. (○)
- 동사 2개, 접속사 1개

→ 우리는 그 차를 자주 사용하지 않기 때문에, 그것을 팔기로 했다.

C. 조건 부사절

접속사는 근본적으로 종속절을 이끌며, 이 종속절이 부사절인 경우 시간, 이유, 조건, 결과, 양보의 뜻을 지닌다. 그 중 대표적으로 이유·원인 부사절과 조건 부사절의 기본 문장구조는 다음과 같다.

a. 이유·원인 부사절

- because, since, as +절 : ~ 때문에
- now that + 절 : ~이니까, ~이기 때문에

b. 조건 부사절

- if + 절 : 만약 ~라면
- Unless +절 : 만약 ~하지 않으면
- in case +절 : ~인 경우를 대비해 (in case of + 명사 상당 어구 : 만약 ~라면)
- on condition + 절 : ~ 조건으로
- so long as + 절 : ~ 하는 한 (= as far as +절)
- provided that + 절 : 만일 ~라면 (Eye 221~22)

D. 명사절 접속사의 실제 (EPL, 146)

e.g. Remember **that** we need to protect endangered species of animals.
The question is **whether** this can be achieved without your help.
I wonder **if** Jane will accept Kevin's proposal.

연습문제

※ 다음을 영어로 옮기시오.

1) 동물원에서 나는 많은 동물을 구경할 수 있었으나 그들에게 동정을 느꼈다. (EPL, 135)

2) 내가 TV를 보고 있는 동안에, 나의 아내는 부엌에서 요리하고 있었다.

3) 정부로부터 그 일을 부여받은 이후로 나는 지금까지 쭉 프로젝트를 하느라 바빴다.

4) 그는 경찰관을 보자마자 달아났다. (Toeic 620, 167)

5) 톰도 나도 비난 받지 않을 것이다. (166)

6) 비록 Tom과 Jack은 쌍둥이지만, 성격적으로는 너무나 다르다.

7) 냉장고에 음식을 오래 보관하는 것은 건강에 안 좋을 뿐 아니라 낭비하는 것이다.

8) 연구비를 신청하기 위해서는 추천서뿐만 아니라 포트폴리오도 필요하다. (해커스, 134)

9) 만약 Dr. Woods가 보조금을 받지 못한다면, 그는 연구를 마치지 못할 것이다. (해커스, 160)

10) 내가 대출 승인을 받았는지 아닌지를 알려줘. (EPL, 135)

Unit 13-1.

접속사(Ⅱ)

13-1 **No sooner** had I got home **than** it began to rain. (종합, 382)

Both butter **and** cheese are nutritious foods.

He **as well as** his father became Foreign Minister.

A. 대등한 어구를 연결하는 등위접속사

a. 등위접속사 **and**(그리고), **but**(그러나), **or**(혹은) 등은 단어나 구, 절을 대등하게 연결한다.

e.g. Mom puts milk, sugar **and** lemon in her tea. (단어의 연결)
→ 엄마는 차에 우유, 설탕, 레몬을 넣는다.

e.g. We want to watch TV **or** to listen to some music. (구의 연결)
→ 우리는 TV를 보거나 음악을 듣길 원한다.

e.g. The flight attendant served dinner, **but** I didn't eat. (절의 연결)
→ 그 승무원은 저녁을 가져다주었지만, 나는 먹지 않았다.

[참고] 등위접속사가 두 개의 단어나 구를 연결할 경우 콤마(,) 없이 쓰며, 셋 이상을 연결할 경우 쉼표를 쓴다.

e.g. Sarah said goodbye, got into her car, **and** drove off.
(동사 said, got, drove 연결)
→ Sarah는 잘 가라고 말한 뒤, 차에 올라탔고, 그리고는 떠나갔다.

b. 등위접속사 **so**(그래서), **for**(왜냐하면), **yet**(그러나) 등은 절과 절을 대등하게 연결한다.

e.g. We had to study for a test, **so** we want to the library.
(so의 앞 문장은 원인, 뒤 문장은 결과를 나타냄)
→ 우리는 시험을 위해 공부를 해야만 했다, 그래서 우리는 도서관에 갔다. (EPL, 136)

e.g. It'll rain this evening, **for** the barometer is falling.
(for는 앞 문장에 대한 이유를 나타냄)
→ 온도가 떨어지고 있으므로, 오늘 밤비가 올 거야.

e.g. Jessica didn't study a lot, **yet** she passed the exam.
(yet은 앞 문장에 대한 상반된 내용을 나타냄)
→ Jessica는 공부를 많이 하지 않았다, 그러나 시험을 통과했다.

c. 명령문 + **and** ~: … 하라, 그러면 ~ / 명령문 + or ~: … 하라, 그렇지 않으면 ~

e.g. Get up a bit earlier, **and** you'll become healthier.
→ 약간 일찍 일어나라, 그러면 너는 더 건강해질 것이다.

e.g. Be here on time, **or** we will leave without you.
→ 정시에 여기로 와라, 그렇지 않으면 우리는 너 없이 떠날 것이다.

B. 짝을 이루어 쓰이는 상관접속사

a. both A and B: A와 B 둘 다

e.g. I was **both** tired **and** hungry when I arrived home. → 집에 도착했을 때 나는 피곤하고 배가 고팠다.

b. either A or B: A와 B 둘 중 하나

e.g. you must answer **either** yes **or** no. → 너는 '네' 또는 '아니오'로 대답해야 한다.

c. neither A nor B: A와 B 둘 다 ~ 아닌

e.g. **Neither** the library **nor** the bookstore has the book. → 도서관도 서점도 둘 다 그 책을 가지고 있지 않다.

d. not A but B: A가 아니라 B

e.g. Do **not** hate him **but** try to understand him. → 그를 미워하지 마라, 오히려 그를 이해하려고 노력해라.

e. not only[just] A but (also) **B:** A뿐만 아니라 B도 (=B as well as A)

e.g. He began **not only** to sing **but also** to dance. → 그는 노래를 부르는 것뿐만 아니라, 춤도 추기 시작했다. (EPL,136)

연습문제

※ 다음을 영어로 옮기시오.

1) 물이 차가웠다. 그래서 나는 수영하러 가지 않았다. (EPL, 137)

2) 그 아이는 자신의 어머니의 치마 뒤에 숨었는데, 그가 개를 무서워했기 때문이다.

3) 나의 오빠랑 동생은 둘 다 기타 연주하는 것을 좋아한다.

4) 영어는 대학 입학뿐만 아니라, 직업을 얻는 데도 우리의 성공에 매우 유용하다.

5) 그의 남매들뿐 아니라 James도 어릴 적에는 수줍어하지도 외향적이지도 않았다.

6) 택시를 타면, 너는 기차를 놓치지 않을 거야.

7) 그는 부유할 뿐 아니라 친절하기도 하다. (Toeic 620, 166)

8) 톰과 주디 모두 그 모임에 참석했다.

9) 당신이 왔으니, 이제 토론을 시작합시다. (167)

10) 그는 실패하지 않도록 열심히 공부한다.

11) 그 고객은 매우 많은 양의 주문을 해서 공급자가 특별할인을 제공해주었다. (해커스, 161)

12) 지하주차장은 종종 만차가 되는 것을 제외하고는 매우 편리하다.

13) 부장이 된 후에 Mr. Watson은 직원들에게 변화를 가져왔다. (159)

Unit 13-2.

접속사(Ⅲ)

13-2 On weekends, I spend my time **reading** novels **or** watch**ing** television.

She is wearing a crown **not of gold but of flowers**.

Despite the rain, they enjoyed themselves. (EPL 138)

A. 병렬 구조 (평행구조)

등위접속사와 상관접속사로 연결되는 어구들은 문법적으로 대등한 형태여야 한다.

e.g. My roommate would *watch* television **or** *go* out in the evening.

(동사 — 동사)

→ 내 룸메이트는 저녁에 텔레비전을 보거나 외출하곤 했다.

e.g. Ann *is cooking* dinner and *(is)* ***talking*** on the phone at the same time.

(-ing — -ing)

→ Ann은 저녁 식사를 요리하면서 동시에 전화 통화를 하고 있다.

e.g. The hotel managers want guests *to relax* **and** *(to) be comfortable*.

(to V — to V)

→ 호텔관리자들은 투숙객들이 휴식을 취하고 편안해 하기를 원한다.

e.g. This kind of talk is **not only** *meaningless* **but (also)** *far from the truth*.

(형용사 — 형용사)

→ 이러한 종류의 이야기는 무의미할 뿐 아니라 진실과도 거리가 멀다.

e.g. Her novels are selling **both** *in America* **and** *in* ***Europe***.

(전명구 — 전명구)

→ 그녀의 소설들은 미국과 유럽 양쪽에서 팔리고 있다.

B. 전치사 vs 접속사

같은 의미를 지닌 전치사와 접속사의 경우, 뒤에 무엇이 오는가를 기준으로 각각을 구별할 수 있다.

전치사의 뒤에는 **'명사(구)'**가, 접속사의 뒤에는 주어, 동사를 갖춘 **'절'**이 온다.

의미	전치사	접속사
~에도 불구하고	despite, in spite of	although, though, even though
~때문에	because of, due to, owing to	because, since, as
~동안	during	while
~하자마자	upon	as soon as

의미	전치사 = 접속사
~까지	until
~이래로	since
~후에	after
~전에	before

e.g. She did not return **before** six. (전치사 + 명사(six))
→ 그녀는 여섯 시 전에 돌아오지 않았다.

e.g. **Before** it rains, I must go out to the supermarket.
(접속사 + 주어(it) + 동사(rains)) → 비가 오기 전에, 나는 슈퍼마켓에 가야 한다.

C. 접속사의 실제

e.g. They were fascinated by [the excitement / exciting] and action-packed movie.
[During / While] the pie is cooling, prepare the frosting and topping.

연습문제

※ 다음을 영어로 옮기시오.

1) 너는 그림을 보는 것과 박물관을 방문하는 것을 즐기니? (EPL, 139)

2) 그녀는 Bob이 인터넷 검색을 하거나 TV를 보는 것을 허락하지 않았다.

3) 일기예보에 의하면 오늘 밤 눈이나 비가 올 것이다.

4) 나는 나쁜 성적을 받아서가 아니라, 거짓말을 한 것 때문에 부모님께 야단맞았다.

5) 그녀는 수학에서 A를 받았지만, 미술 수업에서는 낙제했다.

6) 그는 비록 젊지만, 아주 현명하다. (Toeic 620, 166)

7) 그는 아파서 행복하지 못하다. (167)

8) 그는 비록 가난하지만, 매우 관대하다.

9) 수리공들은 시간이 아무리 오래 걸리더라도 엘리베이터 수리 작업을 할 것이다. (해커스, 162)

10) 누가 충분한 시간이 있든지 간에, 기차역에서 Ms. Crowe를 마중 나가라고 부탁하세요.

Unit 13-3.

명사절을 이끄는 접속사

13-3 That **he is honest** is certain. (~하다는 것 Ⓢ) (Toeic 620, 166)

I don't know **if he is still alive**. (Ⓞ)

Nobody knows **when he will be here**. (Ⓞ)

A. 접속사로 시작하는 명사절

접속사 that, whether, if와 의문사 등은 명사절을 이끈다. 명사와 마찬가지로 명사절은 문장에서 주어, 목적어, 보어 등의 역할을 할 수 있다.

e.g. **What I need** is your love. (주어) 내가 필요로 하는 것은 당신의 사랑이다.

Do you believe **that there is life on Mars**? (목적어) 너는 화성에 생물체가 있다는 것을 믿니?

The important thing is **how we feel about a work of art**. (보어)

중요한 것은 우리가 예술작품에 대해서 어떻게 느끼는가이다. (EPL, 146)

접속사 + 주어 + 동사		
⇩	⇩	⇩
주어	목적어	보어

B. that으로 시작하는 명사절

a. that 절이 주어로 쓰일 경우, 가주어 it으로 대체하고, **that** 절은 문장 뒤로 보내는 경우가 대부분이다. 한편 that 절이 동사의 목적어로 쓰일 경우, 접속사 that은 종종 생략된다.

e.g. **It** is a pity **that** Sally hasn't been able to make any friends. (주어)

Sally가 친구를 사귈 수 없는 것은 유감이다.

I believe (that) Linda will come to the party. (목적어)

The fact is **that** I knew your secret all along. (보어)
사실은 내가 너의 비밀을 처음부터 쭉 알고 있었다는 것이다.

b. be + 형용사 + that 절: 'be 동사 + 형용사'가 타동사로 해석되어 뒤에 목적어에 해당하는 that 절은 취할 수 있다.

- be aware that S + V ~을 알고 있다.
- be certain[sure] that S + V ~을 확신하다.

e.g. She **was aware that** something was wrong.
그녀는 뭔가 잘못됐다는 것을 알고 있었다.
I'm certain (that) she will like these clothes.
그녀가 이 옷을 좋아할 거라고 확신한다.

C. whether · if로 시작하는 명사절

a. whether

- if가 명사절을 이끄는 경우, '~인지 아닌지'라는 의미이다. whether로 시작하는 명사절은 문장에서 주어, 목적어, 보어 등의 역할을 모두 할 수 있다. 그러나, if로 시작하는 명사절은 목적어로만 사용되니 유의한다.

e.g. We can't predict **whether[if]** the plan will succeed.
(목적어) (그 계획이 성공할지 아닐지 예측)

b. whether 절이 주어로 사용될 때는 가주어 it으로 대체하고 whether 절은 문장 뒤로 보내기도 한다.

e.g. **Whether she comes or not** is not important to me.
(= It is not important to me **whether** she comes or not.) 올지 안 올지

[참고] whether가 부사절을 이끄는 경우 '~이든 아니든 (상관없이)'으로 해석되며 if로 대체할 수 없다.

e.g. **Whether you like it or not**, you must admit it **now**.
좋아하든 안 하든 당신은 그것을 인정해야 한다.

연습문제

※ 다음을 영어로 옮기시오.

1) 그가 영어를 이해하지 못한다는 것은 분명하다. (EPL, 147)

2) 어젯밤 나는 내가 홀로 산 정상에 있는 꿈을 꾸었다.

3) 내 요점은 우리가 떨어져 있을 때 우리에게는 충분한 힘이 없다는 것이다.

4) 그 파티의 성공은 Nancy가 나타나는지 아닌지에 달려있다.

5) 모든 사람이 동시에 말하고 있었다. 그래서 그 회의가 시작되는지 아닌지 분명하지 않았다.

6) 지구가 둥글다는 것은 확립된 사실이다. (New Toeic, 283)

7) 나는 네가 열심히 공부한다는 것을 믿는다.

8) 가죽의 특징들 가운데 하나는 섬유질의 구조를 가지고 있다는 것이다.

9) 당신이 파티에 올 수 없다니 유감이다. (반석, 140)

10) 문제는 우리가 돈이 부족하다는 것이다. (141)

Unit 13-4.

부사절을 이끄는 접속사(=종속접속사)

13-4 The session will begin **as soon as** everyone is seated. (New Toeic, 281)

Items I through 10 can't be ordered **because** the products are out of stock.

Now that all the materials are gone, we need to postpone the meeting.

A. 부사절과 분사구문(EPL, 150)

a. 부사절은 문장에서 부사 역할을 하며, **시간·이유·조건·대조·목적** 등을 나타내는 종속접속사로 시작된다.

부사절은 반드시 주절과 함께 쓰이며, 주절의 앞이나 뒤에 올 수 있다.

• 주어 + 동사 + ~ + **접속사 + 주어 + 동사** + ~

주절 부사절

• **접속사 + 주어 + 동사 + ~** (,) + 주어 + 동사 + ~

부사절 주절

b. 시간, 이유 등을 나타내는 부사절은 접속사와 주어를 생략하고 동사를 분사로 바꾸어 쓸 수 있다. 분사로 시작되는 구가 문장에서 부사절을 대신할 때, 이를 분사구문이라고 한다.

e.g. **When I entered the room,** I found someone lying on the sofa. (시간의 부사절)

→ **Entering the room,** I found someone lying on the sofa. (시간의 분사구문)

c. 부사절의 실제

e.g. As soon as I arrived at the bus stop, the bus left.

Because it was a public holiday, all the shops were. (EPL, 150)

B. 시간을 나타내는 부사절

a. 시간을 나타내는 접속사: when (~할 때), while (~하는 동안), before (~하기 전에), after (~한 후에), since (~이래로), as (~할 때; ~하면서), until (~할 때까지), as soon as (~하자마자)

e.g. I'll phone ou **when** I get home from school.
내가 학교에서 집에 도착할 때, 네게 전화할게.
The doorbell rang **while** we were asleep.
우리가 잠이 든 동안에 현관 벨이 울렸다.
I have known Betty **since** she was a child.
나는 Betty가 아이일 때부터 그녀를 알고 지냈다.
We all smiled **as** we posed for the photograph.
우리는 모두 사진을 찍으려고 포즈를 잡으면서 미소 지었다.
It will not be long **before** your dream comes true.
네 꿈이 실현되기까지 오래 걸리지 않을 것이다.

C. 이유 · 원인을 나타내는 부사절

a. 이유나 원인을 나타내는 접속사: because (~ 때문에), as/since (~이므로), now that (이제 ~이므로)

e.g. Mark has to do all of the cooking and cleaning **because** his wife is ill.
Mark는 그의 아내가 아프기 때문에 요리와 청소 모두를 해야만 한다.
As they live near me, I see them quite often.
그들은 나와 가까이 살기 때문에, 나는 그들을 꽤 자주 본다.
Since we don't have class tomorrow, we can stay up later tonight.
우리는 내일 수업이 없으므로 오늘 밤에 더 늦게까지 깨어있을 수 있다.
Now that everyone's here, we can begin the meeting.
모든 사람이 여기 있으므로, 우리는 모임을 시작할 수 있다.

연습문제

※ 다음을 영어로 옮기시오..

1) Jill은 버스에서 내리는 도중에 미끄러졌다. (EPL,151)

2) 어제 비가 오기 시작한 이후로 우리는 집에 머물고 있다.

3) 나는 아버지가 돌아오실 때까지 잠자리에 들지 않을 것이다.

4) 감자들이 부드러워질 때까지 삶아라.

5) 아빠가 오실 때 말씀드려야지. (반석, 149)

6) 내가 그로부터 소식을 마지막으로 들었을 때, 그는 뉴욕에 살고 있었다.

7) 무료로 MP3를 탈 수 있는 이 기회를 잡으려면 온라인으로 등록만 하면 된다. (New Toeic, 282)

8) 회의가 끝난 후 Shin씨가 전화를 할 수 있도록 번호를 남겨주세요.

Unit 14.

관계사 / 관계대명사

14 Mr. Wilson, **who is in charge**, will submit your claim. (해커스 150)

Luhman Finance has six employees **who are experience** in corporate accounting.

The delegation visited the museum **where local paintings and sculptures** are exhibited.

A. 개념과 쓰임

a. 관계대명사는 <접속사+대명사> 역할을 동사에 하면서 선행사(앞에 나온 명사)를 수식한다.

I know a woman **and she** works in an investment company.	나는 한 여자를 알고 있는데 그녀는 투자 회사에서 일한다. **접속사**(and) + **대명사**(she)
I know a woman **who** works in an investment company.	나는 투자 회사에서 일하는 한 여자를 알고 있다. **관계대명사**(who)

관계대명사란 접속사와 대명사의 역할을 동시에 하는 문법 요소로, 어떤 명사(구)가 뒤의 문장에서 반복될 때 사용한다.

b. 선행사 + 관계대명사

선행사란 관계대명사 앞에서 관계대명사 절의 수식을 받는 명사(구)를 뜻한다.

e.g. Kevin is a new employee **who has great potential**.

(=Kevin is a new employee and he has great potential.)

케빈은 대단한 잠재력을 지닌 신입사원이다. (토마토, p.186)

A man is waiting outside. (EPL, 154)

He wants to see you.

=A man [who wants to see you] is waiting outside.

B. 선행사에 따른 관계대명사의 종류와 주격 관계대명사

a. 선행사에 따른 관계대명사의 종류

관계대명사는 선행사가 사람 혹은 사물·동물이냐에 따라 who와 which로 구분된다. 단, that은 선행사의 종류와 상관없이 모든 경우에 사용할 수 있다.

선행사	사람	사물·동물
주격	who, that	which, that
목적격	who, whom, that	which, that
소유격	whose	whose, of, which

b. 주격 관계대명사

관계대명사가 관계대명사 절 안에서 주어 역할을 하면 주격 관계대명사(who, which, that)이다.

e.g. Will is a hard worker **who[that]** often **works** overtime.
윌은 자주 초과 근무를 하는 부지런한 직원이다.
→ 선행사 a hard worker가 사람이므로 which는 쓸 수 없음.
I will focus on the stock **which[that] makes** the most profit.
나는 가장 이윤을 내는 주식에 집중할 것이다.
→ 선행사 the stock이 사물이므로 who는 쓸 수 없음.
There were **few workers** [in this sector] **who[that]** went on strike.
[이쪽 부분에는] 파업을 한 근로자들이 거의 없었다.
→ 선행사 few workers와 주격 관계대명사 who[that] 사이에 수식어구가 들어가 있는 경우. (토마토, 187)

c. 주격관계대명사의 생략: 뒤에 'be'동사를 취하는 경우, 'be'동사와 함께 생략가능. (EPL, 156)

e.g. The girl [(who is) dancing with Ted] is Ann.
Be sure to follow the instruction [(that are) given at the top of the page].
※주격관계대명사와 be동사가 생략되면 명사를 수식하는 분사만 남는다.

C.목적격 관계대명사와 소유격 관계대명사

a. 목적격 관계대명사

관계대명사가 관계대명사 절 안에서 목적어 역할을 하면 목적격 관계대명사(who, whom, which, that)이다. (토마토, 188)

e.g. I know the student (**who[whom, that]**) the professor mentioned.
나는 교수가 언급한 그 학생을 알고 있다.
The scandal created the problem (**which[that]**) we can't solve.
그 추문은 우리가 해결할 수 없는 문제를 일으켰다.

- whom 생략 가능 : A colleague (**whom**) I was familiar with retired from the company.
- whom 생략 불가능 : A colleague **with whom** I was familiar retired from the company.

내가 알고 있는 그 동료가 회사에서 퇴직했다.

b. 소유격 관계대명사

관계대명사 절 내에서 선행사가 관계대명사 다음의 명사를 소유하는 관계일 때 소유격 관계대명사(whose)임을 알 수 있다.

e.g. This is the author **whose** books are very popular. 이분은 아주 인기가 많은 책의 작가이다.

c. 목적격 관계대명사와 소유격 관계대명사의 구분

주격 관계대명사 뒤에는 주로 동사가 오지만, 목적격과 소유격 관계대명사 뒤에는 둘 다 '<주어+ 동사>' 가 와서 혼동되는 경우가 있다. 이럴 때는 관계대명사절 내에 목적어가 있는지 여부를 살펴봐서 목적격 관계대명사인지를 파악하고, 소유격 관계대명사의 경우 '선행사+관계대명사 뒤 명사'의 해석을 통해 확인한다.

e.g. We analyze markets (whose, **which**) the management discussed.
우리는 경영진이 논의했던 시장을 분석한다.
→ discussed의 목적어가 없으므로 목적격 관계대명사가 적절함.
There are foreigners (whose, who) names are difficult to pronounce.

발음하기 어려운 이름의 외국인들이 있다.

→ foreigners와 names가 연결되어 '외국인들의 이름'을 뜻하므로 소유격 관계대명사가 적절

D. 전치사와 목적격 관계대명사 (토마토, 189)

a. 관계대명사가 전치사의 목적어인 경우

목적격 관계대명사는 동사의 목적어로 쓰이기도 하지만 전치사의 목적어로도 쓰인다. 따라서 관계대명사 절에서 전치사 뒤에 있어야 할 목적어가 보이지 않아도 목적격 관계대명사임을 알 수 있다.

e.g. The man **who**[**that**, whom] I compete with made this mistake.
나와 경쟁하는 사람이 이런 실수를 했다.
They sent the products **which**[**that**] the corporation asked for.
그들은 그 기업이 요청한 상품을 보냈다.
Data analysis is the job **which**[**that**] she is in charge of.
자료 분석은 그녀가 담당하는 업무이다.

E. 관계대명사 that과 what (토마토, 190)

a. 관계대명사 that

주격	I calculated the money [**that** could be withdrawn]. 나는 인출될 수 있는 돈을 계산했다.
목적격	The man [**that** I just talked to] is a well-known analyst. 내가 방금 이야기한 남자는 잘 알려진 분석가이다.

that은 관계대명사뿐만 아니라 접속사로도 자주 쓰이므로 둘의 차이를 구분할 필요가 있다.

① that이 이끄는 관계대명사 절은 형용사 절인 데 반해, 접속사 that이 이끄는 절은 명사절이다.

② 관계대명사 that의 경우 주어나 목적어의 역할을 하므로 뒤에 주어나 목적어가 빠진 불완전한 문장이 오지만, 접속사 that은 절과 절을 연결하는 접속사 기능만 하므로 뒤에 완전한 문장이 온다.

• 관계대명사 that : The cash [**that** I deposited] is gone. [내가 입금한] 현금이 없어졌다.

• 접속사 that : [**That** I deposited the cash] is a fact. [내가 현금을 입금한 것]은 사실이다.

b. 선행사가 포함된 관계대명사 what

관계대명사 what이 이끄는 절은 '~하는 것(the thing which)'으로 해석되고 명사절 역할을 하므로 문장 내에서 주어, 목적어, 보어로 쓰인다. 이미 선행사를 포함하고 있으므로 what 앞에는 선행사가 오지 않는다.

① 주어 **What** the figures mean is hard to analyze.
그 수치가 의미하는 것은 분석하기가 어렵다.

② 목적어 We analyzed **what** the report was saying.
우리는 보고서가 의미하는 것을 분석했다.

③ 보어 This new incentive program is **what** the employees really asked for.
이 새로운 보상 제도가 직원들이 정말로 요구했다.

c. 목적격 관계대명사 that과 선행사가 포함된 관계대명사 what의 구분

목적격 관계대명사 that과 what 뒤에는 모두 목적어가 없는 <주어+타동사>의 불완전한 문장이 와서 헷갈릴 수 있다. 이때는 선행사의 유무를 확인한다. 목적격 관계대명사 that 앞에는 선행사가 있고, 관계대명사 what 앞에는 선행사가 없다.

① 관계대명사 that I bought the car **that** my family wanted.
나는 우리 가족이 원했던 차를 샀다.

② 관계대명사 what I bought **what** my family wanted.
나는 우리 가족이 원했던 것을 샀다.

F. 관계부사

a. 관계부사의 개념과 쓰임

e.g. This is the point where the trade gap began to decrease.
여기가 무역 격차가 줄어들기 시작한 지점이다.

관계대명사 (= 접속사+대명사)	This is the corporation. **And** they invested millions of dollars in **it**. → This is the corporation **which** they invested millions of dollars in. 이곳이 그들이 수백만 달러를 투자한 기업이다.
관계부사 (= 접속사+부사)	This is the corporation. **And** they invested millions of dollars **here**. → This is the corporation **where** they invested millions of dollars. 이곳이 그들이 수백만 달러를 투자한 기업이다.

b. 관계부사의 종류

① 장소 where	This office is **the place where** the strategic plans were made. 이 사무실이 그 전략 기획이 세워졌던 곳이다.
② 시간 when	We look forward to **the time when** the property's value will increase. 우리는 그 부동산 가치가 오를 때를 기대하고 있다.
③ 이유 why	Let's find out **the treason why** our predictions are continually wrong. 우리의 예측이 계속해서 틀린 이유를 찾아봅시다.
④ 방법 how	This is **how** I compete with him. (=This is **the way** I compete with him.)이것이 내가 그와 경쟁하는 방법이다. (p. 191)

G. 복합관계대명사 (EPL, 161)

a. 개념 : 복합관계대명사가 이끄는 절은 문장내에서 명사 혹은 부사의 역할을 한다. 복합관계대명사의 뒤에는 불완전한 형태의 절이 온다.

① 형태 : 관계대명사 뒤에 **–ever**가 붙은 형태 (whatever, whichever, whoever 등)

② 복합관계대명사는 관계대명사 **what**과 같이 선행사를 포함한다.

b. 명사절을 이끄는 경우 : 복합관계대명사가 명사절을 이끌 경우 주어·목적어·보어 등의 역할을 하므로 뒤에 불완전한 형태의 절이 온다. 뜻은 '~든지'로 해석한다.

① 주어 역할 : Whoever wants to play a game can do so.

② 목적어 역할 : He thinks he gets whatever he wants simply by crying.

③ 전치사의 목적어 역할 : You may change your name to whichever you like.

④ 보어 역할 : A witch can become whatever she wants.

c. 부사절을 이끄는 경우 : 복합관계대명사가 부사절을 이끄는 경우 '양보'의 뜻을 가지며 '~하더라도'로 해석한다.

① Whoever they may be, we should help them.

② Whichever you choose, make sure that it is a good one.

d. 복합관계 대명사의 실제

① Stay calm **whatever** happens.

② He focuses on **whatever** he is working on.

연습문제

※ 다음을 영어로 옮기시오.

1) 작년에 법인화된 그 회사는 사업 확장을 위해 주식을 발행했다. (토마토, 193)

2) 그 회사 임원들은 지난달에 보고서가 발행된 분석가와 만났다.

3) 사울 씨는 경기 침체의 가시적인 영향을 논의하기 위해 우리가 만났던 투자자이다.

4) 그 부장은 몇몇 다른 경제 부문을 조사한 것을 제출할 것이다.

5) 전문가팀이 우리가 이번 주 초에 이야기했던 최신 경향들을 분석했다.

6) 최근에 그들은 수익성이 매우 높아진 고령자용 상점을 열었다.

7) 경영진이 채용한 국제 무역 전문가는 호주를 대상으로 한 수출품을 담당할 것이다.

8) 내가 원하는 것은 뜨거운 코코아 한 잔뿐이다. (반석, 133)

9) 암스테르담은 중요한 항구가 있는 도시이다. (Clinic, 102)

10) 그 매니저는 독감에 시달려서 모든 일정을 취소해야 했다.

11) 내가 함께 일하는 기술자는 매우 솜씨가 좋다.

Unit 15.

가정법

15 If the report be (or is) true, I will employ him. (종합 226)

If I had the book, I could lend it to you.

You could have done it **if** you had tried.

A. 가정법 현재

a. 용법: 현재 혹은 미래에 대한 불확실한 가정, 상상, 혹은 소망을 나타냄.

b. 형태: If ~ 동사(현재, 원형) ~, ~will [can. shall, may] + 동사원형 ~ .

e.g. If the report **be** (or **is**) true, I **will** employ him. (가정)

Long **live** the king! (May) God bless you. (기원)

B. 가정법 과거

a. 용법: 현재 사실의 반대를 가정할 때 사용한다.

b. 형태: If ~ **동사(과거형)** ~, ~would[could, should, might] + 동사원형 ~ .

were

* be 동사의 경우: 인칭에 관계 없이 if 절에 항상 were가 쓰임.

e.g. If I ***had*** some money, I ***could*** lend it to you.

→ As I don't have any money, I cannot lend it to you.

c. 가정법 과거의 실제

e.g. If I **were not** very busy, I **would** travel abroad.

C. 가정법 과거완료

a. 용법: 과거 사실의 반대를 가정할 때 사용한다.

b. 형태: If ~ had+p.p ~ , ~would[could, should, might] + have + p.p ~ .

ex If you **had** ***studied*** hard, you ***would have succeeded*** in the exam.
→ As you didn't study hard, you didn't succeed in the exam.

D.가정법 미래

a. 용법: 미래에 거의 불가능할 것 같은 일을 가정할 때나 미래사실의 반대를 나타낼 때.

b. 형태: If ~ should + 동사 원형 ~, ~ would(will) + 동사원형 ~,

ex If it ***should*** rain tomorrow, we ***would*** not go on a picnic.
If he ***should*** fail in the exam, his parents ***will*** be much disappointed.

c. were to 가정법: were to는 미래 전혀 발생할 수 없는 사실을 가정하는 데 사용된다.

ex If the sun **were** ***to*** rise in the west, I ***would*** not change my mind.

E. 가정법 혼합시제

a. 용법: 조건절과 주절의 시제가 다는 경우 즉, 과거에 발생한 사실의 결과가 현재에 나타나는 경우가 있다. 이런 경우를 가정법으로 표현한 것이 혼합시제이다.

ex If I ***had followed*** your advice then, I ***would*** be happy now.
→ As I didn't follow your advice then, I am not happy now.

F. I wish + 가정법 과거[과거완료] / I would rather + 가정법 과거

ex I wish I **were** a millionaire. (내가 백만장자라면 좋을 텐데.)
→ I am sorry I am not a millionaire.
I ***wish*** I *had* never seen her. (그녀를 보지 않았더라면 좋을 텐데.)

→ I am sorry I saw her. (그녀를 본 것이 후회스럽다.)

* I ***would rather*** Professor Kim came tomorrow.

* would rather 뒤에는 항상 가정법 과거만을 쓴다.

G. as if + 가정법 (=as though + 가정법)

a. 형태 : as if + 가정법 과거('마치 ~인 것처럼'(주절과 종속절의 시제가 같다.))

ex He speaks English as if he ***were*** an American.

b. as if + 가정법 과거완료('마치 ~였던 것처럼'(종속절의 시제가 주절 시제보다 앞선다.))

ex He looks **as if** he **had been** a millionaire.
그는 옛날에 백만장자였던 것으로 보인다.

H. It is about time (that) + 가정법 과거

a. 형태 : It is about time (=It is about time, It is high time) + 가정법 과거

ex It is about time you ***left*** for London.
It is high time he ***were*** studying English.

I. 가정법에서 if의 생략

a. 형태 : 가정법에서 If가 생략되면 조동사와 주어의 순서가 바뀐다.

ex If I were a bird, I would fly to you.
→ *Were* I a bird, I would fly to you.
If you should see him, please say hello to him.
→ ***Should*** you see him, please say hello to him.

* Point 가정법 과거에서 If 생략 : If + 주어 + 과거 동사 → 과거 동사 + 주어
가정법 과거완료에서 If 생략 : If + 주어 + had + p. p → Had + 주어 + p.p.

J. 「제안, 충고, 주장, 요구」를 나타내는 동사 + that + 주어 + 동사원형

It is + 이성적 판단이나 필요의 형용사 + that + 주어 + 동사원형

• 충고, 제안, 명령 등의 동사: insist, suggest, recommend, order, decide, ask, request, require, demand

• 이성적 판단이나 필요의 형용사: imperative, important, necessary, essential, advisable, urgent

ex The manager insisted that all employees attend the upcoming benefit next Friday night.

K. 특수 가정법 (Eye 189)

a. ~ 이 없다면, ~ 이 아니라면

<table>
<tr><td>If it were not for+ 명사,</td><td rowspan="5">S + 과거형 조동사 + 동사원형 (가정법 과거)</td></tr>
<tr><td>Were it not for+ 명사,</td></tr>
<tr><td>If there were no+ 명사,</td></tr>
<tr><td>But for+ 명사,</td></tr>
<tr><td>Without+ 명사</td></tr>
</table>

b. ~ 이 없었다면, ~ 이 아니었다면

<table>
<tr><td>If it had not been for+ 명사,</td><td rowspan="4">S + 과거형 조동사 + have + p. p (가정법 과거완료)</td></tr>
<tr><td>Had it not been for+ 명사,</td></tr>
<tr><td>But for+ 명사,</td></tr>
<tr><td>Without+ 명사,</td></tr>
</table>

ex Without your assistance, I would have never gotten all this work done on time.

연습문제

※ 다음을 영어로 옮기시오.

1) 만약 그 보고가 사실이라면, 나는 그를 고용하겠다. (가정법 현재) (종합, 226)

2) 당신의 자동차를 제대로 관리한다면, 그렇게 불필요하고 값비싼 수리과정을 피할 수 있을 텐데. (가정법 과거) (Eye, 187)

3) 비행기를 놓치지 않았다면 나는 지금 London에 있을 텐데. (가정법 혼합) (Teoic 620, 119)

4) 해가 서쪽에서 뜬다 해도 난 마음을 바꾸지 않을 것이다. (Toeic 620, 117)

5) 만약 시내 본사의 영업 직원들이 참석한다면, 다음 주의 영업 회의는 대회의장에서 열리게 될 것이다. (가정법 미래)(Eye, 188)

6) 만약 그가 해외에 거주했다면, 그는 지역 상인들과 더 좋은 조건에 거래할 수 있었을 것이다. (If의 생략)

7) 그녀가 위원회의 의장으로 선출되었더라면, 그녀는 나를 부의장으로 지명했을 것이다. (189)

8) 전 직원은 반드시 매일 오전 9시 정각까지 출근해야 한다. (189)

9) 부장은 모든 직원이 다음 주 금요일 밤으로 다가온 자선 모임에 참석할 것을 강조했다. (189)

10) 당신의 도움이 아니었다면, 이 모든 일을 제시간에 끝내지 못했을 것이다. (190)

11) 호텔에 묵는다면 돈이 너무 많이 들 것이다. (실제로는 묵지 않음) (가정법의 개념)(New Toeic, 206~207)

12) 그녀가 중국어를 할 줄 안다면 우리 회사는 그녀를 채용할 것이다. (가정법 현재)(New Toeic, 206~207)

13) 당신이 제게 연락을 하셔야 한다면, 4시경에 사무실에 돌아오겠습니다. (가정법 미래)(New Toeic, 206~207)

14) 내가 너희 상황이라면 진실을 말할 것이다. (가정법 과거)(New Toeic, 206~207)

15) 만일 내가 건강에 주의했다면 그렇게 많은 병으로 고통 받지 않을 것이다. (가정법 과거완료)(New Toeic, 206~207)

Unit 16.

비교 구문_원급 비교

16 Time flies **as fast as** a bullet. (New Toeic, 263)

The PC I bought was cheap**er than** the price that was written in the brochure.

The color of leaves in September is **less** dark **than** in July.

A. 원급을 사용한 비교 구문

형용사나 부사의 원급을 as … as 사이에 넣어 두 대상의 상태나 성질 등을 비교한다.

[주의] as … as 사이에 형용사의 비교급이나 부사의 비교급이 올 수 없다.

a. A as ... as B: A는 B만큼 ...하다 (A=B)

e.g. Mental practice is **as** important **as** physical practice.
정신 수행은 체력 수행만큼이나 중요하다.

• as many[much] + 명사 + as: ...와 같은 수의 [양의] ~

e.g. She spent **as much money** on dinner **as** me.
그녀는 나만큼 저녁 식사에 많은 돈을 썼다.

• as 뒤의 어구: [주어 + 동사 ~] 가 오는 것이 원칙이나 동사가 생략되는 경우도 많다.

e.g. He can reach **as high as** she can (reach).
그는 그녀가 할 수 있는 것만큼 높이 도달할 수 있다. (EPL, 214)

• 원급 비교의 실제(EPL, 214-15)

e.g. These frozen vegetables taste as good as fresh ones.
She wants to speak English as well as me.
Schubt wrote music as freely as one would write a friendly letter.
※as~as...: 원급 비교구문 사이에는 'a','ad'가 들어간다.
수식 받는 품사가 'a', 'v'인 경우에는 'ad'가 들어간다.

[주의] 형용사와 부사의 구별

'…' 부분에 형용사가 와야 할지 부사가 와야 할지 문장 구조상 적절한 것을 선택한다.
He is **as wise as** his sister. (← He is **wise.**) 그는 자기 여동생만큼 현명하다.
He answered **as quickly as** his sister. (← He answered **quickly.**)
그는 자기 여동생만큼 빠르게 대답했다.

[주의] as 뒤의 동사

비교하는 대상에 맞는 적절한 동사를 사용한다.
He can climb the mountain **as fast as** she **can.**
그는 그녀가 할 수 있는 것만큼 빠르게 산에 오를 수 있다.
He doesn't play the piano **as well as** he **did** when he was young.
그는 그가 어렸을 때 했던 것만큼 피아노를 잘 치지 못한다.

b. A not as[so] … as B: A는 B만큼 …하지 않다 (A < B)

e.g. Star Wars Episode I was **not as[so]** good **as** the original Star Wars.
스타워즈 1편은 원작만큼 훌륭하지 않다.
Susie can't run **so** fast **as** Dan. Susie는 Dan만큼 빠르게 달릴 수 없다.

c. 관용표현

- 배수사(twice, three times 등) as … as: ~보다 몇 배 …하다

e.g. Australia is about **35 times** as large **as** Korea. 호주는 한국의 약 35배 가량 크다.
The fighter plane can fly almost **three times** as fast **as** the speed of sound.
전투기는 소리의 속도보다 약 3배 빠르게 날 수 있다.

- as … as possible: 가능한 …하게 (=as … as + 주어 + can[could])

e.g. Make everything **as** simple **as possible.** 가능한 한 모든 것을 간단하게 만들어라.
= Make everything **as** simple **as** you can[could]
The frog drank **as** much water **as possible.** 개구리는 가능한 많은 물을 마셨다.
= The frog drank **as** much water **as** it could.

연습문제

※ 다음을 영어로 옮기시오.

1) 그는 어렸을 때만큼 건강하지 않다. (EPL, 215)

2) 나는 삶에 있어 건강이 돈만큼 중요하다고 생각한다.

3) 나는 보통 우리 엄마만큼 일찍 일어난다.

4) 그 가수는 내가 그럴 것으로 생각했던 것만큼 키가 크지 않다.

5) 나는 너만큼 예쁜 여자 친구를 가져본 적이 없다.

6) 탐은 주디만큼 키가 크다. (Toeic 620, 158)

7) 탐은 주디만큼 친절하지 않다.

8) 이것은 저것보다 두배나 길다. (159)

9) 일을 제대로 하는 것이 빨리 하는 것보다 더 중요하다. (Eye, 264)

Unit 16-1.

비교 구문_비교급 비교 (I)

16-1 Tom is kinder than Judy. (Toeic 620, 159)

Jusy is **less** diligent **than** Tom.

Employees have become much **more** productive **than** before. (Clinic, 105)

A. 비교급의 형태

두 대상을 비교하여 우열을 표현할 때 비교급을 쓴다.

a. 1음절어 모두와 2음절어 일부

- 단어 뒤에 –er을 붙임 e.g. harder
- -e로 끝나는 단어: -r을 붙임 e.g. larger
- 자음 + y로 끝나는 단어: -y를 –i로 고치고 + -er e.g. busier
- 단모음 + 단자음 1개로 끝나는 단어: 자음을 한 번 더 써주고 + -er e.g. hotter

b. 2음절어 대부분과 3음절어 이상, ly로 끝나는 부사: 단어 앞에 more를 붙임

e.g. **more** useful, **more** diligent, **more** slowly

c. 불규칙 변화

good[well] - better – best, bad[ill] - worse – worst

many[much] - more – most, little – less – least (EPL. 216)

[주의] 하나의 형용사로부터 두 개의 비교급과 최상급이 나올 수 있으니 알아둔다.	
far – farther – farthest (거리)	far – further – furthest (거리, 정도)
late – later – latest (때)	late – latter – last (순서)

B. 비교급 구문의 이해

a. A 비교급 + than B: A는 B보다 더 ~하다.

• 형용사 비교급 + than

e.g. This blanket is **softer than** that one.
이 담요는 저 담요보다 더 부드럽다.

• 형용사 비교급 + 명사 + than

e.g. We bought **more clothes than** we had expected.
우리는 예상했던 것보다 더 많은 옷을 샀다.

• 부사 비교급 + than

e.g. She speaks Chinese **more fluently than** I do.
그녀는 나보다 중국어를 더 유창하게 말한다.

b. A less ~ than B: A는 B보다 덜 ~하다. A는 B만큼 ~하지 않다.

(= A not as [so] 원급 as B = A not 비교급 than B)

e.g. Cooked food is **less nutritious than** raw food.
=Cooked food **isn't as[so] nutritious as** raw food.
=Cooked food **isn't more nutritious than** raw food.
조리된 음식은 날 것보다 영양가가 **낮다.**

c. than 뒤의 어구

• 동사가 생략되고 주어만 남는 경우, 구어체에서는 주어를 **목적격**으로 사용하는 것이 대부분이다.

e.g. I can swim faster than **he (can)**. → I can swim faster than **him**.
나는 그보다 더 빨리 수영할 수 있다.

• 주어, 동사가 모두 생략되는 경우, **than** 뒤의 비교 대상을 올바른 형태로 표현하도록 주의한다.

e.g. Now he studies harder **than** (he did) in his teens.
지금 그는 십 대 시절보다 더 열심히 공부한다.

연습문제

※ 다음을 영어로 옮기시오.

1) 보통 인스턴트 음식은 유기농 음식만큼 비싸지 않다. (EPL, 217)

2) 나는 날것이 구운 생선보다 더 맛있다고 생각한다.

3) 돈을 잘 쓰는 것이 돈을 벌기보다 어렵다.

4) 이 영화는 우리가 지난주에 봤던 것보다 덜 재미있다.

5) 보편적으로 항공권은 일찍 살수록 지불되는 요금이 더 낮아진다.

6) 태양의 직경은 지구의 그것보다 109배 더 길다.

7) 그 건물은 안에서 봤을 때가 밖에서 보았을 때보다 더 아름다웠다. (New Toeic, 263)

8) 아침 식사를 하는 사람들이 아침 식사를 거르는 사람들보다 건강하다. (Clinic, 105)

9) 그 나라의 수출은 그들이 예상했던 것보다 더 많이 줄었다.

10) 인터넷 쇼핑은 직접 쇼핑하는 것보다 훨씬 더 쉽다.

Unit 16-2

비교_비교급 비교(Ⅱ)

16-2 John in the Sales Department is **senior to** me by four years.

Our company **prefers** an enthusiastic worker **to** a person of quiter capability.

The more electricity you use, **the higher** your bill will be. (New Toeic, 265)

A. 주의해야 할 비교급 구문

a. than 대신 to를 사용하는 경우: 전치사 to로, 뒤에는 명사(구)가 온다.

e.g. She **prefers** swimming **to** playing tennis.

=She likes to swim **rather than** (to) play tennis. 그녀는 테니스 치는 것보다 수영하는 것을 선호한다.

b. 배수사 + 비교급

e.g. By 2020, Earth's population will pass 10 billion, almost **twice more than** it is today.

2020년 때쯤, 지구의 인구는 현재의 거의 2배에 이르는 100억을 넘을 것이다.

c. 비교급을 강조하는 부사: **much, a lot, far, still, even, yet**

e.g. It took **much more time** to finish the homework **than** I had imagined.

숙제를 끝내는데 내가 상상했었던 것보다 훨씬 더 많은 시간이 들었다.

d. 비교급 구문의 실제(**토마토, 228**)

e.g. The harder you work, the wealthier you will become.

The community center is much bigger than the college gymnasium.

B. 비교급 관용표현

a. 비교급 and 비교급: 점점 더 ~한

e.g. The world is changing **more and more** rapidly.
세상은 점점 더 빠르게 변화하고 있다.

b. no more than vs no less than: 주관적 생각을 표현

e.g. He paid **no more than** 100 dollars for it. → 단지 ~뿐인 (= only, not any more than)
(생각보다 수량이 많지 않을 때) 그는 그것에 대해 단지 100달러를 지불했다.
He paid **no less than** 100 dollars for it. → ~나 되는 (= as much[many] as)
(생각보다 수량이 많을 때) 그는 그것에 대해 100달러는 지불했다.

c. not more than vs not less than: 객관적 사실을 표현

e.g. He paid **not more than** 100 dollars for it. → 기껏해야 (= at (the) most)
그는 그것에 대해 기껏해야 100달러만 지불했다.
He paid **not less than** 100 dollars for it. → 적어도 (= at (the) least)
그는 그것에 대해 적어도 100달러는 지불했다.

d. the 비교급, the 비교급: ~할수록 더 …한

e.g. **The higher** we go, **the colder** it becomes. 우리가 높이 올라갈수록, 더 추워진다.
The more secrets (there are), **the more** lies (there are).
비밀이 많을수록, 거짓말이 더 많아진다.

e. the + 비교급 + of the two (~): 둘 중 한쪽이 더 ~한

e.g. **The taller of the two girls** is my sister. 두 소녀 중 키가 더 큰 쪽은 내 여동생이다.
Who is **the younger of you two**? - I am. 너희 둘 중에 누가 더 어리니?
내가 더 어려. (EPL, 218)

연습문제

※ 다음을 영어로 옮기시오.

1) 이 차는 연료 효율성과 관련하여 당신이 어제 언급한 그 차보다 뛰어나다. (EPl, 219)

2) 그는 자신의 진정한 감정을 나타내고자 할 때 글을 쓰기보다는 그림을 그리는 것을 선호한다.

3) 연습을 더 많이 하면 할수록, 당신은 더 확신을 하게 될 것이다.

4) 꼬마 녀석이 Jack의 팔을 비틀었지만, Jack은 훨씬 더 크고 강했다.

5) Tracy는 좀비들의 존재를 믿지만, 그들은 상상에 의한 창조물에 지나지 않는다.

6) 상점이 번화가에 가까울수록 판매가는 더 비싸다. (New Toeic, 265)

7) 네가 본 두 품목 중, 내 생각에는 나중 것이 더 나았어.

8) 톰은 둘 중 키가 더 크다. (Toeic 620, 159)

9) 톰은 많이 가질수록 더 많이 원한다.

10) 결점 때문에 오히려 그를 더 좋아한다.

Unit 16-3.

비교 구문_최상급 비교

16-3 Tom is **the tallest** of the three boys. (Toeic 620, 159)

He is **a most** kind man.

He is **the most dangerous** man.

A. 최상급 구문의 이해 (EPL, 220)

셋 이상을 비교하여 그중 하나가 다른 것들보다 어떤 성질이나 상태의 정도가 가장 심함을 나타낸다.

a. 기본 형태

• the + 최상급 ~ of[in] 비교집단

e.g. I think this book is **the most interesting of** these three.
나는 이 책이 세 권의 책 중 가장 재미있다고 생각해.
Who is **the fastest** runner **in** your class? 너희 반에서 누가 가장 빠르니?

• the + 최상급 ~ (that) ··· have ever p.p.

e.g. This is **the** best experience that **I've ever had**. 이것이 내가 겪어본 최고의 경험이다.

b. 기타 여러 구문

• one of the + 최상급 + 복수명사 : 가장 ~한 것 중 하나

e.g. It's **one of the oldest building** in the whole world.
그것은 전 세계에서 가장 오래된 빌딩 중 하나이다.

• the + 서수 + 최상급 : ~번째로 가장 ~한

e.g. John is **the second[next] tallest** boy in the class.
John은 반에서 두 번째로 키가 크다.

Our country is **the third largest** steel producer in Asia.
우리나라는 아시아에서 세 번째로 큰 강철 생산국이다.

• not in the least (= not ~ at all): 조금도 ~ 아닌

e.g. He is **not in the least** interested in her. 그는 그녀에게 조금도 관심이 없다.

[참고] 최상급 앞에 **the**를 붙이지 않는 경우

① 형용사의 최상급 앞: 동일 대상 내에서의 최상의 부분을 말할 때 **the**를 생략한다.

e.g. The lake is **deepest** at this point.
이 지점이 강에서 가장 깊은 곳이다.

c.f. This lake is **the deepest** in the world.
이 호수는 세계에서 가장 깊다.

② 부사의 최상급 앞

e.g. This morning I got up **(the) earliest** in my family.
오늘 아침에 가족 중에서 내가 가장 일찍 일어났다.

B. 최상급의 문장 전환

Tom is **the tallest** boy in our class. **(최상급)** Tom은 우리 반에서 가장 키가 큰 소년이다.
→ Tom is taler than any other boy in our class. (비교급 + than any other + 단수명사)
Tom은 우리 반의 그 어떤 소년보다 키가 크다.
→ **No (other) boy** in our class is **as[so] tall as** Tom.
(No + (other) + 단수명사 + as[so] 원급 as ~)
우리 반에서 Tom만큼 키가 큰 소년은 없다.
→ **No (other) boy** in our class is **taller than** Tom.
(No + (other) + 단수명사 + 비교급 than~) 우리 반에는 Tom보다 키가 큰 소년은 없다.

• 최상급의 실제(토마토, 229)

e.g. This is the most satisfactory service.
They will climb the third highest mountain in the word.

연습문제

※ 다음을 영어로 옮기시오.

1) 나는 개를 좋아하고 똑똑한 많은 개를 보아 왔지만, 너의 개는 내가 본 것 중에 가장 똑똑하다. (EPL, 221)

2) 교통은 현대 사회에서 혼잡 및 오염을 일으키는 가장 심각한 문제 중 하나이다.

3) 아이들은 어렸을 때 그들의 엄마를 세상에서 가장 아름다운 여자로 여긴다.

4) 아마 세계에서 기타만큼 대중적인 악기는 없을 것이다.

5) 전시되어 있는 품목이 전 품목 중 가장 인기가 있다. (New Toeic, 264)

6) Spring Park는 이 지역에서 가장 가까운 공원이다.

7) 저희 잡지는 국내의 다른 어느 월간지보다 더 많이 읽힌다.

8) 왓슨 박사의 처방이 고통을 가장 빨리 제거한다. (Toeic 620, 162)

9) 영어는 공부할수록 재미있다. (반석, 161)

10) (당신은) 급할수록 운전을 조심해야 한다. (162)

Reading. Unit 17.

Speech & Summing-Up

1. Gettysburg Address (Abraham Lincoln's (November, 19th 1863))

Four score and seven years ago our fathers brought forth on this continent, a new nation, conceived in Liberty, and dedicated to the proposition that all men are created equal.

Now we are engaged in a great civil war, testing whether that nation, or any nation so conceived and so dedicated, can long endure. We are met on a great battle-field of that war. We have come to dedicate a portion of that field, as a final resting place for those who here gave their lives that the nation might live. It is altogether fitting and proper that we should do this.

But, in a larger sense, we can not dedicate - we can not consecrate - we can not hallow - this ground. The brave men, living and dead, who struggled here, have consecrated it, far above our poor power to add or detract. The world will little note, nor long remember what we say here, but it can never forget what they did here. It is for us the living, rather, to be dedicated here to the unfinished work which they who fought here have thus far so nobly advanced.

It is rather for us to be here dedicated to the great task remaining before us - that from these honored dead we take increased devotion to that cause for which they gave the last full measure of devotion - that we here highly resolve that these dead shall not have died in vain - that this nation, under God, shall have a new birth of freedom - and that government of the people, by the people, for the people, shall not perish from the earth.

-Abraham Lincoln's (November, 19th 1863)

Worksheet 1. Comments 10 issues

1. ______________________________

2. ______________________________

3. ______________________________

4. ______________________________

5. ______________________________

6. ______________________________

7. ______________________________

8. ______________________________

9. ______________________________

10. ______________________________

2. Inaugural Address (John F. Kennedy's)

Vice President Johnson, Mr. Speaker, Mr. Chief Justice, President Eisenhower, Vice President Nixon, President Truman, Reverend Clergy, fellow citizens:

We observe today not a victory of party but a celebration of freedom-symbolizing an end as well as a beginning-signifying renewal as well as change. For I have sworn before you and Almighty God the same solemn oath our forbears prescribed nearly a century and three-quarters ago.

The world is very different now. For man holds in his mortal hands the power to abolish all forms of human poverty and all forms of human life. And yet the same revolutionary beliefs for which our forebears fought are still at issue around the globe-the belief that the rights of man come not from the generosity of the state but from the hand of God.

We dare not forget today that we are the heirs of that first revolution. Let the word go forth from this time and place, to friend and foe alike, that the torch has been passed to a new generation of Americans-born in this century, tempered by war, disciplined by a hard and bitter peace, proud of our ancient heritage-and unwilling to witness or permit the slow undoing of those human rights to which this nation has always been committed, and to which we are committed today at home and around the world.

Let every nation know, whether it wishes us well or ill, that we shall pay any price, bear any burden, meet any hardship, support any friend, oppose any foe to assure the survival and the success of liberty.

This much we pledge-and more.

To those old allies whose cultural and spiritual origins we share, we pledge the loyalty of faithful friends. United there is little we cannot do in a host of cooperative ventures. Divided there is little we can do-for we dare not meet a powerful challenge at odds and split asunder.

To those new states whom we welcome to the ranks of the free, we pledge our word that one form of colonial control shall not have passed away merely to be replaced by a far more iron tyranny. We shall not always expect to find them supporting our view. But we shall always hope to find them strongly supporting their own freedom–and to remember that, in the past, those who foolishly sought power by riding the back of the tiger ended up inside.

To those people in the huts and villages of half the globe struggling to break the bonds of mass misery, we pledge our best efforts to help them help themselves, for whatever period is required–not because the communists may be doing it, not because we seek their votes, but because it is right. If a free society cannot help the many who are poor, it cannot save the few who are rich.

To our sister republics south of our border, we offer a special pledge–to convert our good words into good deeds–in a new alliance for progress–to assist free men and free governments in casting off the chains of poverty. But this peaceful revolution of hope cannot become the prey of hostile powers. Let all our neighbors know that we shall join with them to oppose aggression or subversion anywhere in the Americas. And let every other power know that this Hemisphere intends to remain the master of its own house.

To that world assembly of sovereign states, the United Nations, our last best hope in an age where the instruments of war have far outpaced the instruments of peace, we renew our pledge of support–to prevent it from becoming merely a forum for invective–to strengthen its shield of the new and the weak–and to enlarge the area in which its writ may run.

Finally, to those nations who would make themselves our adversary, we offer not a pledge but a request: that both sides begin anew the quest for peace, before the dark powers of destruction unleashed by science engulf all humanity in planned or accidental self-destruction.

We dare not tempt them with weakness. For only when our arms are sufficient beyond doubt can we be certain beyond doubt that they will never be employed.

But neither can two great and powerful groups of nations take comfort from our present course–both sides overburdened by the cost of modern weapons, both rightly alarmed by the steady spread of the deadly atom, yet both racing to alter that uncertain balance of terror that stays the hand of mankind's final war.

So let us begin anew–remembering on both sides that civility is not a sign of weakness, and sincerity is always subject to proof. Let us never negotiate out of fear. But let us never fear to negotiate.

Let both sides explore what problems unite us instead of belaboring those problems which divide us.

Let both sides, for the first time, formulate serious and precise proposals for the inspection and control of arms–and bring the absolute power to destroy other nations under the absolute control of all nations.

Let both sides seek to invoke the wonders of science instead of its terrors. Together let us explore the stars, conquer the deserts, eradicate disease, tap the ocean depths and encourage the arts and commerce.

Let both sides unite to heed in all corners of the earth the command of Isaiah–to "undo the heavy burdens . . . (and) let the oppressed go free."

And if a beachhead of cooperation may push back the jungle of suspicion, let both sides join in creating a new endeavor, not a new balance of power, but a new world of law, where the strong are just and the weak secure and the peace preserved.

All this will not be finished in the first one hundred days. Nor will it be finished in the first one thousand days, nor in the life of this Administration, nor even perhaps in our lifetime on this planet. But let us begin.

In your hands, my fellow citizens, more than mine, will rest the final success or failure of our course. Since this country was founded, each generation of Americans has been summoned to give testimony to its national loyalty. The graves of young Americans who answered the call to service surround the globe.

Now the trumpet summons us again–not as a call to bear arms, though arms we need–not as a call to battle, though embattled we are– but a call to bear the burden of a long twilight struggle, year in and year out, "rejoicing in hope, patient in tribulation"–a struggle against the common enemies of man: tyranny, poverty, disease and war itself.

Can we forge against these enemies a grand and global alliance, North and South, East and West, that can assure a more fruitful life for all mankind? Will you join in that historic effort?

In the long history of the world, only a few generations have been granted the role of defending freedom in its hour of maximum danger. I do not shrink from this responsibility–I welcome it. I do not believe that any of us would exchange places with any other people or any other generation. The energy, the faith, the devotion which we bring to this endeavor will light our country and all who serve it–and the glow from that fire can truly light the world.

And so, my fellow Americans: ask not what your country can do for you–ask what you can do for your country.

My fellow citizens of the world: ask not what America will do for you, but what together we can do for the freedom of man.

Finally, whether you are citizens of America or citizens of the world, ask of us here the same high standards of strength and sacrifice which we ask of you. With a good conscience our only sure reward, with history the final judge of our deeds, let us go forth to lead the land we love, asking His blessing and His help, but knowing that here on earth God's work must truly be our own.

Worksheet 2 Comments 10 issues

1.

2.

3.

4.

5.

6.

7.

8.

9.

10.

3. Effects of Global Warming

By Alina Bradford • Live Science Contributor, Stephanie Pappas • Live Science Contributor August 12, 2017
(https://www.livescience.com/37057-global-warming-effects.html)

Global warming is expected to have far-reaching, long-lasting and, in many cases, devastating consequences for planet Earth.

Global warming, the gradual heating of Earth's surface, oceans and atmosphere, is caused by human activity, primarily the burning of fossil fuels that pump carbon dioxide (CO_2), methane and other greenhouse gases into the atmosphere.

Despite political controversy about climate change, a major report released Sept. 27, 2013, by the Intergovernmental Panel on Climate Change (IPCC) stated that scientists are more certain than ever of the link between human activities and global warming. More than 197 international scientific organizations agree that global warming is real and has been caused by human action.

Already, global warming is having a measurable effect on the planet.

"We can observe this happening in real time in many places. Ice is melting in both polar ice caps and mountain glaciers. Lakes around the world, including Lake Superior, are warming rapidly — in some cases faster than the surrounding environment. Animals are changing migration patterns and plants are changing the dates of activity," such as trees budding their leaves earlier in the spring and dropping them later in the fall, Josef Werne, a professor of geology and environmental science at the University of Pittsburgh, told Live Science.

Here is an in-depth look at the changes wrought by global warming.

Increase in average temperatures and temperature extremes

One of the most immediate and obvious effects of global warming is the increase in temperatures around the world. The average global temperature has increased by about 1.4 degrees Fahrenheit (0.8 degrees Celsius) over the past 100 years, according to the National Oceanic and Atmospheric Administration (NOAA).

Since record keeping began in 1895, the hottest year on record worldwide was 2016, according to NOAA and NASA data. That year Earth's surface temperature was 1.78 degrees F (0.99 degrees C) warmer than the average across the entire 20th century. Before 2016, 2015 was the warmest year on record, globally. And before 2015? Yep, 2014. In fact, 16 of the 17 warmest years on record have happened since 2001, according to NASA.

For the contiguous United States and Alaska, 2016 was the second-warmest year on record and the 20th consecutive year that the annual average surface temperature exceeded the 122-year average since record keeping began, according to NOAA.

Extreme weather events

Extreme weather is another effect of global warming. While experiencing some of the hottest summers on record, much of the United States has also been experiencing colder-than-normal winters.

Changes in climate can cause the polar jet stream — the boundary between the cold North Pole air and the warm equatorial air — to migrate south, bringing with it cold, Arctic air. This is why some states can have a sudden cold snap or colder-than-normal winter, even during the long-term trend of global warming, Werne explained.

"Climate is, by definition, the long-term average of weather, over many years. One cold (or warm) year or season has little to do with overall climate. It is when those cold (or warm) years become more and more regular that we start to recognize it as a change in climate rather than simply an anomalous year of weather," he said.

Global warming may also lead to extreme weather other than cold or heat extremes. For example, hurricane formations will change. Though this is still a subject of active scientific research, current computer models of the atmosphere indicate that hurricanes are more likely to become less frequent on a global basis, though the hurricanes that do form may be more intense.

"And even if they become less frequent globally, hurricanes could still become more frequent in some particular areas," said atmospheric scientist Adam Sobel, author of "Storm Surge: Hurricane Sandy, Our Changing Climate, and Extreme Weather of the Past and Future" (HarperWave, 2014). "Additionally, scientists are confident that hurricanes will become more intense due to climate change." This is because hurricanes get their energy from the temperature difference between the warm tropical ocean and the cold upper atmosphere. Global warming increases that temperature difference.

"Since the most damage by far comes from the most intense hurricanes — such as typhoon Haiyan in the Philippines in 2013 — this means that hurricanes could become overall more destructive," said Sobel, a Columbia University professor in the departments of Earth and Environmental Sciences, and Applied Physics and Applied Mathematics. (Hurricanes are called typhoons in the western North Pacific, and they're called cyclones in the South Pacific and Indian oceans.)

Lightening is another weather feature that is being affected by global warming. According to a 2014 study, a 50 percent increase in the number of lightning strikes within the United States is expected by 2100 if global temperatures continue to rise. The researchers of the study found a 12 percent increase in lightning activity for every 1.8 degree F (1 degree C) of warming in the atmosphere.

NOAA established the U.S. Climate Extremes Index (CEI) in 1996 to track extreme weather events. The number of extreme weather events that are among the most unusual in the historical record, according to the CEI, has been rising over the last four decades.

Scientists project that extreme weather events, such as heat waves, droughts, blizzards and rainstorms will continue to occur more often and with greater intensity due to global warming, according to Climate Central. Climate models forecast that global warming will cause climate patterns worldwide to experience significant changes. These changes will likely include major shifts in wind patterns, annual precipitation and seasonal temperatures variations.

In addition, because high levels of greenhouse gases are likely to remain in the atmosphere for many years, these changes are expected to last for several decades or longer, according to the U.S. Environmental Protection Agency (EPA). In the northeastern United States, for example, climate change is likely to bring increased annual rainfall, while in the Pacific Northwest, summer rainfall is expected to decrease, the EPA said.

Ice melt

One of the primary manifestations of climate change so far is melt. North America, Europe and Asia have all seen a trend toward less snow cover between 1960 and 2015, according to 2016 research published in the journal Current Climate Change Reports. According to the National Snow and Ice Data Center, there is now 10 percent less permafrost, or permanently frozen ground, in the Northern Hemisphere than there was in the early 1900s. The thawing of permafrost can cause landslides and other sudden land collapses. It can also release long-buried microbes, as in a 2016 case when a cache of buried reindeer carcasses thawed and caused an outbreak of anthrax.

One of the most dramatic effects of global warming is the reduction in Arctic sea ice. Sea ice hit record-low extents in both the fall and winter of 2015 and 2016, meaning that at the time when the ice is supposed to be at its peak, it was lagging The melt means there is less thick sea ice that persists for multiple years. That means less heat is reflected back into the atmosphere by the shiny surface of the ice and more is absorbed by the comparatively darker ocean, creating a feedback loop that causes even more melt,

according to NASA's Operation IceBridge.

Glacial retreat, too, is an obvious effect of global warming. Only 25 glaciers bigger than 25 acres are now found in Montana's Glacier National Park, where about 150 glaciers were once found, according to the U.S. Geological Survey. A similar trend is seen in glacial areas worldwide. According to a 2016 study in the journal Nature Geoscience, there is a 99 percent likelihood that this rapid retreat is due to human-caused climate change. Some glaciers retreated up to 15 times as much as they would have without global warming, those researchers found.

Sea levels and ocean acidification

In general, as ice melts, sea levels rise. In 2014, the World Meteorological Organization reported that sea-level rise accelerated 0.12 inches (3 millimeters) per year on average worldwide. This is around double the average annual rise of 0.07 in. (1.6 mm) in the 20th century.

Melting polar ice in the Arctic and Antarctic regions, coupled with melting ice sheets and glaciers across Greenland, North America, South America, Europe and Asia, are expected to raise sea levels significantly. And humans are mostly to blame: In the IPCC report released on Sept. 27, 2013, climate scientists said they are at least 95 percent certain that humans are to blame for warming oceans, rapidly melting ice and rising sea levels, changes that have been observed since the 1950s......

Worksheet 3 Comments 10 issues

1. ______

2. ______

3. ______

4.

5.

6.

7.

8.

9.

10.

4. Writing Model: Read the model narrative essay. Notice the organizational structure. Then answer the questions that follow. (Debra Daise 83)

My Mother's China Cups

1 When I think about my mother, one thing I remember is her collection of china cups and saucers. She had collected them throughout her life, and they were very important to her. They were displayed on shelves in our kitchen.

Some of them were quite old; some she had gotten from faraway places. And each one had a special memory for her.

2 From a very young age, I always wanted to take down those beautiful cups and wash them. It was my chance to see them up close. My mother never really wanted to let me do it. She knew the cups were fragile and I could easily break them. But sometimes I begged until she let me take them down and clean them.

3 My earliest memory of this was when I was five. I pulled a chair near the kitchen table and took down the small cups. I started with my favorites: the very old blue

and white one that had belonged to my great-grandmother and the one from Japan with exotic buildings on it. I moved them all, one by one, to the kitchen counter. After I had put them on the counter, I moved my chair to sink, filled the sink with soapy water, and began to wash the tiny cups.

4 I had only washed a few when the beautiful blue and white cup slipped from my small hands and fell back into the sink. The handle broke off. My mother's special cup was ruined, and I was sure she would be angry. I cried and waited for quite a while before I could find the courage to tell her. My mother, who was probably upset, only smiled and said we would glue it back together. I happily finished washing the precious cups. When I had cleaned and dried them all, we carefully placed them back on the shelves. Then my mother glued the handle back on the broken cup before we set it back in its place, too.

5 I washed those cups many times as a child, and almost every time, I broke one. By the time I was grown, several showed the signs of my efforts. I am an adult now and my mother is gone, but I will always remember that she cared more about encouraging me than about her valuable cups. Now, as a mother myself, I understand the patience it took to allow me to handle her precious things. I try to demonstrate that same level of caring to my own children.

Worksheet

1. Who are the people in the narrative?

2. Where does the action take place?

3. When does the action take place?

4. Does the introduction tell why the story is important?

5. Does the essay include vocabulary from the unit?

6. Did you check the essay for punctuation, spelling, and grammar?

Bonus

Q: What is your best memory from last year?

Today we will review two responses to the topic, "What is your best memory from last year?". We will use the principles that we learned from "The Web" (Part 1, Part 2, Part 3). Review the examples below and then try to make your own examples for the question. Let's Speak English!

(www.speakenglishwithtiffani.com/what-is-your-best-memory-from-last-year)

EXAMPLE 1		
STEP 1 //	STEP 2 //	STEP 3 //
[Main Idea]	[3 W's]	[Supporting Information]
Hawaii	Reason 1	Reason 1 = Family Vacation
	Reason 2	Reason 2 = 10 days
	Reason 3	Reason 3 = Relaxing

APPENDIX

CREATING YOUR FIRST RESUME

Your resume is a one-or two-page summary of you-your education, skills, employment experience and career objective(s). it is not a biography, but a "quick and dirty" way to identify and describe you to potential employers.

In order to begin preparing your resume, you will need to assemble all the following information (which should have been done in the previous section. If not go back and try again!):

1. The name and address of your college or high school, if applicable, including expected graduation date.
2. Your grade point average and class rank. (Express the latter as the number of completed trimester or semester grades your rank includes.
   For example: "100/308, includes six semesters freshman through junior year.")
3. Important classes you've taken, especially those that relate to your intended career.
4. A concise career objective.
5. Clubs, honor societies and other extracurricular activities-name of each and dates in which you participated. Be sure you include any leadership positions you held.
6. Awards and honors you have received.
7. The names, addresses and telephone numbers of all your past employers.
8. The key personnel with whom you worked and a concise summary of the work you performed.
9. Any letters of recommendation from these employers, your teachers, counselors, etc.
10. Hobbies and other interests.
11. A list of references.
12. If you have served in the military, you should also collect pertinent service records.

Keep it Short

Especially if this is your first resume, you might not have a lot of information to include. Your resume should not be longer than one page. Aim to fill the whole page while still having a good amount of white space in the margins.

There are a lot of options about what to include or leave out. In general, we suggest you always include the following data:

1. Your name, address and telephone number
2. Pertinent educational history(grade, class rank, activities, etc.)
3. Pertinent work history
4. Academic honors
5. Memberships in organizations

You have the option of including the following:

1. Your career objective
2. Personal data
3. Hobbies
4. Military service history (if applicable)
5. References

And you should NEVER include the following:

Photographs or illustrations(of yourself or anything else, unless they are required by your profession—e.g., actors composites)

Common Mistakes Found in Resumes:

1) Too long
2) Disorganized
3) Poorly typed and printed
4) Too wordy when there's not enough to be wordy about
5) Lacks substance or evidence of results
6) Vague job title with no description of responsibilities
7) Too much irrelevant information(gender, health, etc.)
8) Poor grammar, misspellings, typos
9) Overdone with fancy borders, photos, exotic paperstocks
10) Missing reference to non-work activities that can give a well-rounded picture of the applicant. (CAUTION: be selective)
11) Excessive use of "I" in bob descriptions
12) Directed to a wrong person in the company
13) No cover letter to personalize the contact

[Sample]: Resume (Type A)

GIL-DONG HONG
Walkhill Apt, 210-601
11-1 Ichon-dong Yongsan-gu
Seoul, 140-030 Korea
Tel:(02) 6543-1324
E-mail:gdhong@naver.com

OBJECTIVE: Marketing Position in Consumer Product or Service Industry

QUALIFICATION

*Extensive marketing courses with real cases and projects
*Broad knowledge in Asian market
*Intercultural and Interpersonal communication skills

EDUCATION

• Master of International Management Aug. 2019
Thunderbird Graduate School of International Management
Glendale, AZ USA
• Bachelor of Arts in Business Administration Aug. 2018
Major in Marketing
Arizona State University
Tempe, AZ USA
• International Business Seminar in Europe Spring 2017
Business Seminars in 10 Local and International Companies

INTERNSHIP

• LG Electronics Summer 2016
CPU Marketing Group in Semiconductor Division
Kiheung, Korea

LANGUAGES

• Korean (Native), English(Fluent), Japanese (Intermediate)

COMPUTER SKILLS

• Microsoft Word, Excel, Power Point, and Access

HONORS AND ACTIVITIES

- Vice President and Treasurer of Korean Club (Thunderbird)
- Cellist of Regional Orchestra (Arizona)

REFERENCES

Available upon request

[Sample]: Resume (Type B)

Maria Kim
33 Dongjin-ro Jinju, Gyeongsangnam-do
52725 Korea
Tel:(055) 751-1234
E-mail:mra@naver.com

OBJECTIVE
- To obtain an entry-level position in international business leading to a managerial position

STRENGTHS
- Good command of English: TOEIC score 930/990
- Computer skills: Windows, Word and Excel
- Able to handle a great variety of tasks and responsibilities simultaneously and efficiently: fast learner
- Able to follow detailed instructions
- Work well with little or no supervision

EDUCATION
- Hankok University, Jinju February 2018
- Bachelor of International Trade
- Cumulative GPA: 4.3 (4.5)

ACTIVITIES	• Served as Contributing Editor for Campus Newspaper 2015-2017 • Joined English Conversation Club 2014-2016 • Got a certificate of laughter therapist June 2013
EXPERIENC	• Helped fund tuition and living costs by working as follows: Waiter, ABC Restaurant, Busan 2012-2014 • Remembered repeat customers's names and preferences and provided • personalized service • Dealt with demanding customers and resolved complaints
REFERENCES	
	• Furnished upon request

〈취업, 14〉

Introduction to Cover Letters

A cover letter is a few short paragraphs on one piece of paper on top of the resume(hence the-name-cover letter). It must be written well and invite the employer read it and your resume. This is very important. If your cover letters is boring and tell nothing, the employer may not even look at the resume. It needs to capture the employer's attention, show how you would benefit the company, and ask for an interview. Unlike the resume, a different cover letter should be made for each job.

Cover letter Format and Sections

1. Letterhead

This is your name and address. If you have a middle name, only include the first initial of it. You can also include your home and cellular number. The letterhead of your cover letter should contain the same information as the letterhead

2. data

3. Inside address

This is the first and last name of the person you're sending your resume to and the company's address.

4. Salutation

"Dear. . ." is expected on cover letters. The salutation is always punctuated with a colon at the end. You can use a courtesy title(Mr., Mrs., Ms.,) or a professional title(Dr., Professor, Judge, Principle, etc.) If the person has a professional title, use it instead of the courtesy title. Go to the trouble of finding out the names of the people you're writing to and their genders if you're not sure. This will help you be noticed more. If you can't find out the employer's name, direct your salutation to the title of the person likely to head the department you will he working for.

Dear sales manager:

Dear customer relations director:

To the chief financial officer:

The salutation is typed two spaces below the last line of the inside address. Allow two more spaces between the salutation and the beginning of your first paragraph. Only the first word of the salutation is capitalized.

5. Body

The body is a few paragraphs telling who you are and why you should be hired. The body of the cover letter is single spaced and double-spaced between paragraphs.

6. Complimentary close

The most common and safe complimentary close is "Sincerely". It is typed two spaces below the last line of your letter, and it always followed by a comma.

7. Signature

Write your name carefully and clearly so it can be read instantly.

How to Write a Cover Letter

You need to write this information in your cover letter:

- **Your name**
- **Your Address**
- **Today's date**
- Manager's name and job title
- Company name and address
- **Greeting**
  - It's very important to send your cover letter and resume to the person who does the hiring.

  Be sure to spell the name correctly. If you cannot find out the manager's name, you can write To Whom It May Concern:
- **Body**
  - Give the title of the job you are applying for.
  - Tell how you found out about the job.
  - Say that you are interested in the job.
  - Say that you have enclosed your resume.

- Write two or three sentences about your experience and/or your transferable skills.

- **Closing**
  - Thank the manager.
  - Write Sincerely.
- **Your signature**
- **Your typed name**

Cover Letter Writing Tips

1. Mention specific accomplishments

Accomplishments are the single most important element of every cover letter.

2. Don't repeat accomplishments given in your resume

Don't follow the same format with the same information of your resume. That's what the resume id for. Include information that's not found in your resume, of found in different parts of your resume, Foe example, you see an ad listinf five requirements, but your five requirements are covered in different places on your resume and do not stand out. Your cover letter permits you to address the ad's five specific requirements, and match them to your experience, point by point. Thus, it allows you to give the empkoyer precisely what the employers' ad is looking for.

3. Don't be excessively courteous

Great formality and excessive courtesy show insecurity and often appear meek, submissive or even needly. Your cover letter needs to show oldness and self-confidence.

4. Don't focus on your own wants and needs instead of the employer's

heading- 177 Atlantic Avenue
- Boston, Massachusetts 02140
- April 22, 20XX

Director of Admissions - **inside address**
Harvard University -
Cambridge, Massachusetts 02138 -

Dear Sir: **greeting**

I am interested in attending Harvard University to study business. Please send me the appropriate application forms and any information you have about the undergraduate business program. I will also need to know any necessary information about TOEFL requirements because English is not my native language. I look forward to hearing from you. - **message**

closing – Sincerely,
signature – Hasan Halkali

기본 영문 레터 예문

DOREMI ELECTRONICS. CO., LTD

2-44-5 Yangjae Dong, Seocho-ku, Seoul 137-130 KOREA

Tel : +82-2-589-5162 Fax : +82-2-589-5555

May 23, 2020

Ms. Bianca Husky, Copyright Permissions Assistant
ABS Books Co., Ltd.
Rose Road
Princeton, NJ 12345
U.S.A
Fax : 1-123-456-7890

Dear Ms. Husky :

I am writing to let you know about our new book,

Enclosed are two copies of our new book titled “First Steps to English Conversation,” a copy of the signed book contract which we received from you at the beginning of October.

We look forward to working with you again in the future.

Sincerely,

(서　명)
Hojun Choi
Editor in Chief

SH / am
Encl.
CC : Tom Martin

Comparison of Two Cover Letters

• Read the following two cover letters of applicants for the legal secretary position. Which letter writer is more likely to get a job interview? Why do you think so?

Katerina Long
1916 Queensdown Road
Glen Burnie, MD 21230
(410) 435-6641

October 5, 20XX

Personnel Director
Clark, Liu, and Jones Legal Offices
101 Calvert Street, Suite 1900
Baltimore, MD 21228

Dear Personnel Director :

I am writing in response to your ad for a legal secretary.

As a highly skilled legal secretary with experience in a variety of office settings, I am confident that I would make an excellent secretary in your law office.

As you can see from the enclosed resume, I have experience working in a large legal film and in a small company where I was an executive secretary. In these positions, I have learned to take care of a variety of tasks.

I also get along well with people and am an effective communicator.

I look forward to hearing from you about scheduling an appointment at your earliest convenience.

Sincerely yours,
(서 명)
Katerina Long

[Type A]

Cover Letters

Maria Fernandez
2310 Frederick Road, Apt. 105
Cantonsville, MD 21228
(410) 739-9264

October 3, 20XX
Tom Liu, Senior Partner
Clark, Liu, and Jones Legal Offices
101 Calvert Street, Suite 1900
Baltimore, MD 21228

Dear Mr. Liu:

Francine Jeffers suggested that I contact you about the opening in your firm for a new legal secretary. I know it must be difficult to replace a secretary you have worked with for so many years, but Francine thought that I might have the qualities that you are looking for.

As you can see from my resume, I have almost 15 years of experience as a legal secretary. I have worked in a variety of situations, from being a secretary for two attorneys at once to being a secretary for a senior law partner with two people assisting me.

I have enjoyed the work in all these offices. A good legal secretary is essential to a good lawyer, and I have enjoyed helping the attorneys do their jobs well. I am looking for a new position now because Ms. Jones is going to retire this month. Although I could get another job in the office, I think that it would be more interesting to go to a new firm if I can find on that is a good match for me.

I would appreciate having the opportunity to talk with you about my experience and the specific needs in your office. Thank you.

Sincerely,
(서 명)
Maria Fernandez

[Type B]

Cover Letters

Gil-Dong Hong
Dongsin Apt. 210-601
11-1 Ichon-dong Yongsan-gu
Seoul, 140-030 Korea
Tel: (02) 6543-2198
E-mail: gdhong@hotmail.com

Aug. 25, 2004
Personnel Manager
Hyunmi Business Corporation
5503 Chongro 2-ga Chongro-gu
Seoul, 110-122, Korea

Dear Personnel Manager

I am writing in response to your advertisement in the Korea Daily for a marketing position. I feel that I am well qualified for the position in your company. As you can see from my resume, I have a bachelor's degree in Business Administration majoring in marketing, and a master's degree in International Management. My interest in marketing has greatly increased as a result of the internship at Samsung Electronics.

I am eager to work in Hyunmi Business Corporation. I fell that I can contribute to the development of your company, and I hope to help make Korea a major force in the international business world.

I would like to have an interview with you at your convenience. I am looking forward to hearing from you.

Sincerely yours,

Gil-Dong Hong

Enclosure: Resume, transcripts, copies of diplomas

U. S. Department of State
SUPPLEMENTAL SIV CHIEF OF MISSION APPLICATION

Approved OMB 1405-0134
Expired 04/30/2021

PLEASE TYPE OR PRINT YOUR ANSWERS IN THE SPACE PROVIDED BELOW EACH ITEM PLEASE ATTACH AN ADDITIONAL SHEET IF YOU NEED MORE SPACE TO CONTINUE YOUR ANSWERS

1. Last Name(s) *(List all spellings)*
HONG

2. First Name(s) *(List all spellings)*
GIL-DONG

3. Full Name *(In native alphabet)(모국어로)*
홍 길 동

4. Clan or Tribe Name *(If applicable)*(부족의 이름)
NONE

5. All other names/aliases *(If applicable)*

6. Date of Birth *(mm-dd-yyyy)*
01-01-1999

7. Place of Birth (*City, State/Province, Country*)
Seoul, South Korea

8. Passport Number
00-01-001-0000000

9. National Identity Number (*Tazkera*)

10. Sex
Male Female

11. Spouse's Full Name (If married)
NONE

12. Father's Full Name
SANG-KIL HONG

13. Mother's Full Name
SOON-HEE PARK

14. Email Address and Phone Number
hinh@Naver.com

15. List names and dates of birth for your children (*currently under age 21*)

16. List all countries you have entered in the last ten years.
(Give the year of each visit)
- France(2016)
- USA (2017)

17. List all countries that have ever issued you a passport. (다른 나라 국적 취득여부?)
NONE

18. Have you ever lost a passport or had one stolen?
Yes ***No***

19. List your last five employers, including your current employer.

Company or Employer Name	Work Location (base or city/province)	Job Title	Supervisor's Name	Supervisor's Email Address	Dates of Employment *(mm-dd-yyyy)* or "Present" From	To	Reason for Separation (If no longer employed)
Samsung	Kiheong, Korea	Intern	Bong-kil. Kim		01-01-2019	Present	

20. Have you ever applied for Chief of Mission approval?

Yes

No If YES, please provide the case number(s) of the application(s).

I understand all the information I have provided in, or in support of, this application may be provided to other U.S. government agencies authorized to use such information for purposes including enforcement of the laws of the United States. I understand all of the information contained in this form and I certify under penalty of perjury under the laws of the United States of America that the foregoing is complete, true, and correct. I understand that any willfully false or misleading statement or willful concealment of a material fact made by me herein may result in refusal of the visa, denial of admission to the United States, and, may subject me to criminal prosecution and/or removal from the United States.

Applicant's Signature	Date *(mm-dd-yyyy)*

CONFIDENTIALITY AND PAPERWORK REDUCTION ACT STATEMENTS

Confidentiality Statement - INA Section 222(f) provides that visa issuance and refusal records shall be considered confidential and shall be used only for the formulation, amendment, administration, or enforcement of the immigration, nationality, and other laws of the United States. Certified copies of visa records may be made available to a court which certifies that the information contained in such records is needed in a case pending before the court.

Paperwork Reduction Act Statement - Public reporting burden for this collection of information is estimated to average 1 hour per response, including time required for searching existing data sources, gathering the necessary data, providing the information required, and reviewing the final collection. You do not have to provide the information unless this collection displays a currently valid OMB number. Send comments on the accuracy of this estimate of the burden and recommendations for reducing it to: U.S. Department of State, A/GIS/DIR, Washington, DC 20520.

DS-157
10-2017

본문 모범답안 해설

Warm-up 01. 8품사(I)_명사, 대명사, 동사, 접속사, 관사

1) Follow the green signs to claim your luggage. (불가산명사)
2) The management interviews employees every month.
3) I met Mr. Tom in a Korean restaurant.
4) The hotdog that he is holding is mine.
5) I asked her to give me another reason. (EPL, 15)
6) This year annual parade will be led by musicians from all round the world.
7) The convention center is located only 5 minutes' distance **by bus**.
8) Designing the new library **was** the most challenging project he had ever worked on.
9) Almost all of the members of the finance committee were replaced with people close to the newly-appointed chairman.
10) All of our cameras that are on sale this week include free table-top tripod worth $14.99.

Warm-up 01. 8품사(II)_형용사, 부사, 전치사, 감탄사

1) I know the poor girl.
We received a large number of complains regarding the quality of the sound.
2) He ran very fast.
I have never seen such beautiful work in my whole life.
3) I met Tom at the train station.The project is currently under construction.
4) Oops! I forgot his name.
Please speak clearly into the microphone.
5) She ran down the hall in a hurry so as not to be late for the appointment.
6) In Australia, it is **summer** in January. (관사의 생략)
* 식사, 운동, 계절, 교통, 통신수단, 학문명에서는 관사를 생략한다
7) Mr. Tom is out to have lunch with a client.
8) Job openings at large enterprises have decreased by 30% compared to last year.
(일반적으로 복합명사는 단수형태를 취하나, 예외적으로 복수 형태로 쓰이는 명사들이 있다)
9) The heater was sent beck to the **manufacturer** for repair.
(혼돈하기 쉬운 일반명사와 사람명사, manufacture 제조하다, manufacturer 제조업자)

Warm-up 02. 문장의 성분_품사

1) At last she found the key under the carpet.
2) The tables on the terrace were full.
3) Women in Japan usually use their husband's family name.
4) The mystery of the universe can't be described in words.
5) He took a walk in the park.
6) After his eyes met hers, his face turned frustrated.
7) The boy immediately disappeared from our sight.
8) On Valentine's Day, lovers exchange romantic cards and gifts.
9) Learning about biotechnology is necessity if you want to conduct research with stem cells technology.
10) The students were noticeably upset when the professor responded to the answer indignantly.

Warm-up 02. 문장의 성분_구와 절

1) Driving fast is very dangerous.
2) Choosing a good camera can be difficult for beginners.
3) This a man who I saw on TV show yesterday.
4) He felt dizzy after he rode the roller coster.
5) The doctor send me a bill for his services.
6) To speak English fluently is difficult. (형용사절)
7) Is there a way to make hair grow faster? (형용사구)
8) Maria was siting between my mother and father quietly. (부사구)
9) It is not working properly because the battery is dead. (부사절)
10) The new computer **on the desk** is mine. (구)
11) This is my new computer **that I bought online**. (절)

Warm-up 03. 문장의 종류(Ⅰ)_부정문/의문문

1) Tom and Bob weren't at the library this morning.
2) Tom didn't come to the gym yesterday.
3) Steve will not change his mind.
4) **Were** you nervous the first day of class?
5) When was your last visit to a dentist?
6) Who usually **washes** the dishes after dinner?
7) This is a sentence.
8) What is this sentence about?
9) Act like your age
10) What a short sentence!

Warm-up 03. 문장의 종류(Ⅱ)_부가의문문/감탄문

1) Those boys went to a Noraebang yesterday, didn't they?
2) There wasn't a lot of snow last winter, was there?
3) You and I were enjoying the movie, weren't we?
4) Tom and Bob came together, didn't they?
5) Bring your textbook, will you?
6) Which city was more interesting, LA or London?
7) What a Brave kids they are!
8) You saw the last "Frozen" movie? didn't you? Yes, I watched it on Monday.
9) The book is helpful. Isn't it? Its helps a lot.
10) Let's go to a picnic tomorrow, shall we?

Unit 01. 명사 (EPL p.95)

1) The police are on the murderer's track. (police형 집합명사: the +명사=복수 취급)
2) Bill had the computer technician fix his broken computer.
3) My face turned red with **embarrassment**.
(* 전치사의 목적어 embarrassment)
4) The hospital lent me a wheelchair.
5) Many awards ceremonies are held annually.
(복합명사는 마지막의 명사가 단, 복수 결정한다)
6) The living room was equipped with ______.
(A) luxurious furniture
(B) luxurious furnitures
(C) a luxurious furniture
(D) many luxurious furniture
(* furnture는 불가산 명사이다. 명사 뒤에 -s를 붙일 수 없다)
7) Rinse your hands under **running water** for a few seconds.
(* water는 불가산명사로 -s를 붙일 수 없다)
8) Those women and children **were** all from the same country.
9) After reading the novel, **many thoughts were** running through my head.
10) [**A tour** / Tour] to the moon became possible but it cost a lot.
(* tour는 가산명사이므로 부정관사가 앞에 올 수 있다.
11) **Furniture** is chiefly made of wood.
(집합적 물질명사: 물건의 집합체이지만, 양으로 다루어 지므로 부정관사가 안 붙고, 항상 단수취급한다)

Unit 01-1. 셀 수 있는 명사 (p.97)

1) Before we arrive at the airport, we need to fill out a custom declaration form.
2) The audience was a large one. (집합명사, 단수 취급)
3) Mrs. Rogers packed her many belongings in her trunk and left for the airport.
4) May I transfer money from my checking account into my saving account?
5) He slowly gathered his ______, such as his glasses and shoes, and then left the office.
(A) belonging **(B) belongings** (C) a belonging
(D) the belonging
6) Her usual job is displaying goods by the show window.
7) Clara seems to have very little understanding of **economics**. (* economic: 경제의, economics: 경제학)
8) The foundation has rescued several species of animals in Africa since 1961.
9) Many people all over the world use English as a means of communication.
9) My family is a large one.
10 The bank started the service of providing safe custody for ______.
(A) valuable **(B) valuables**
(C) a valuable (D) the valuable
(* 귀중품을 의미하는 단어는 **valuables** 이다)
10) There really is no noticeable difference between

these two copiers.

11) A table is a piece of furniture.

(furniture, clothing, machinery 등은 물건의 집합체이지만, 양으로 다루고, 부정관사가 안 붙고 단수 취급을 한다. a piece of, a article of, much, little 등으로 표시)

Unit 01-2. 셀 수 없는 명사 (p.99)(p. 22)

*She bought a pound of sugar.

(물질명사의 수량화: a cup of, a piece of, a pound of. 등)

1) They are checking **several piece of** equipment.

(* 불가산 명사는 그 자체만으로는 불가산이 원칙이지만, a piece of, two piece of, several piece of 등으로 수량표시 가능)

For more [**information** / informations], please either contact our office or visit our web site.

2) The bed room and the living room of the apartment have elegant [**furniture** / furnitures].

3) The brand-new [**equipment** / equipments] we ordered last week hasn't arrived yet.

4) If you want to know more about it, you can get [**advice** / advices] from your lawyer.

5) I was placing my **luggages** on the cart while two men were loading furniture into a truck.

6) The boys wanted to drink__________after they finished the game.

(A) two water (B) two waters

(C) two glasses of water

(D) two glasses of waters

7) The papers just serve as **evidence** for why the company has been so active in the M&A market.

(* evidence는 불가산명사 이므로 관사를 둘 수 없음)

8) There is always much mail after a national holiday.

(* mail 은 불가산 명사이다. 따라서 many가 아니고 much가 mail을 수식한다)

9) When they get older, many people need **glasses** to correct their defective vision.

(* 안경은 glasses 혹은 a pair of glasses라고 한다. 'glass'는 물질명사로서 '유리'이다)

Unit 01-3. 관사(I) p.101

1) **A** fox is a cunning animal.

(* 종종 대표)

2) I have an American friend here. (* a = one)

3) London is **the** capital of England.

(* 수식어구로 한정될 때)

4) We went to__a__concert last night. The music was very good.

5) Do you know__the__girls in this photo?

6) Can you repeat__the__question, please?

7) We walked along__the__beach in front of our hotel.

8) Jack earns $5,000 [**a** / an] year.

9) He sat there comfortablely holding a(→an) MP3 player.

(* 발음상 모음으로 시작되는 음(vowel sound)은 an, MP3의 첫음절은 모음이다)

10) Birds of **a** feather flock together. (* a = the same)

Do you need a pen? Use you picked up from the floor.

(A) pen (B) a pen (C) a pens **(D) the pen**

Unit 01-4. 관사(II) p.103

1) How did you get here? Did you walk? -No I took a taxi.

2) Do you often travel by plane?

3) That sounds like a good idea.

4) We had **a** very nice meal last night. **The** fish was very good.

5) Breakfast is ready. (* 식사, 질병, 운동 등은 무관사)

6) **The** shorter the book is, **the** easier it is to read.

7) Mr. Jacobs is out to have **lunch** with a client.

(* 식사, 운동, 계절, 교통, 통신수단, 학문명에서는 관사 생략한다)

8) You need to **take advantage of** every chance you get. in the book all dried out.

(*관사 생략의 관용표현)

(A) Petal (B) A petal

(C) A petals **(D) The petals**

9) The boy makes it a rule to read a book before he goes to **the**(삭제) bed.

(* 명사가 본래의 목적을 나타내는 경우는 관사 붙이지 않음)

10) I didn't know that algebra is a part of **the**(삭제) mathematics. (* mathematics는 '수학'이라는 학문명이다)

Unit 02. 대명사_인칭대명사

1) As a manager, you need to remind all employees of the rules.

2) After Mr. Park performed, the audience applauded him.
3) Do you remember his address?
4) They are his cats.
5) Ms. Kwan said she **preferred** Mr. Bates' new office furniture **to** hers.
(* 인칭대명사의 소유격, prefer A to B)
6) His statement about the incident didn't match hers.
7) My house is much closer to the library than Marco's.
8) Rose told the staff that the red car parked outside was **hers**.
9) He is writing to some friends of **his**.
(* 소유대명사 his)

Unit 02-1. 대명사_지시대명사

1) Today, Antarctica has more than thirty research stations, including those of Argentina.
2) One fact is the growth patterns of dinosaurs, which are more like those of warm-blooded mammals.
3) Your work is better than **that** of hers.
4) **Those who** work on Saturdays are entitled to additional vacation days.
(* '~한 사람들': those who~)
5) Those manuals have been updated twice already.
(* those/ these는 복수명사를 수식하며, 각각 '이~', '저~'를 의미한다)
6) This professional development seminar
7) It is important that **this** task be completed by all our effort. (this+ 단수명사)
8) The way of of Americans is different from **that** of Koreans.
9) You changed the sofa. I think that the previous **one** looked better though.
(* 앞서 언급한 명사인 the sofa는 단수이므로 대명사 one)

Unit 02-2.대명사_It의 다양한 쓰임

1) My sister bought me a book as my birthday gift but I don't remember where I put it.
2) I've always made it a principle not to eat anything after 5 p.m.
3) Having recovered from the serious financial crisis, the labor union now has more earning than it used to.
4) Write it your heart that every day is the best day of the year.
5) It is no use *crying over spilt milk.*
6) It is certain *that he will come here.*
7) I thought it natural *that he should get angry.*

Unit 02-3.대명사_재귀대명사

1) The construction company saved **itself** a lot of money by choosing a new supplier.
2) Mr. Solomon decided to buy his own bakery so that he can run the business by **himself**.
3) Babies are not able to look after **themselves**, so their mothers usually look after them.
4) Did you take these photographs **yourself**.
5) Many people slip on the ice and hurt **themselves** during the winter.
6) She dressed in men's clothing because she wanted to disguise **herself**.
7) When people find beautiful flowers in the mountains, they sometimes take **them** home.
8) Heaven helps **those who** help themselves.
(* 명사의 반복을 피하기 위해 사용하는 that/ those~)
9) The population of Korea is smaller than **that** of Japan. (* that: the population)
10) Jimmy designed the mention entirely by himself, and saved a great deal of money.
(* ~혼자서: by oneself)
11) The manager (herself) will be presiding over the meeting. (* 주어의 행위를 강조하며 생략이 가능하다)
12) She has corrected all the errors in the documents (**herself**).
13) **The police officer** identified **himself** and asked for people's cooperation.
14) He always talks to **himself** when he is concentrating.

Unit 02-4. 대명사_부정대명사 (Ⅰ)

1) The doctor gave **some** plans for this weekend.
2) They didn't read **any** of these books last month.

3) May I have **some** tea?

4) **Any** boy can di it.

5) Is there anything wrong with my camera?

6) Each of the pens costs1,000 won.
(* each는 명사로 단수 취급하므로 costs가 적절함)

7) I passengers have **any** questions about arrival time, they can contact the airport.

Unit 02-5. 대명사_부정대명사(II)

1) Some people prefer to marry while they are young, and **others** prefer to wait a few years longer.

2) I haven't seen **either** of those movies you mentioned.

3) **Both** John and Tom are trustworthy.

4) There is no information we want on this site. Let's find **another** one.

5) May I have **another** cup of tea?

6) To learn is one thing, and to teach is **another**.

7) One representative at your agency offered us a discounted rate, but **another** said that we must pay full price.

Unit 03. 형용사_수량형용사

1) Leland Supplies provides free delivery for all orders.

2) Maria has received quite [a few / a little] job offers. (뒤에 복수형 명사가 있음으로 a few가 적절함)

3) It was very difficult test, and few [student / students] passed it.
(* 문맥상 부정문에 가까운 few 다음에는 복수형 명사가 사용)

4) I want to visit [many / much] cities in the United States.
(* 뒤에 셀 수 있는 cities가 있으므로 many가 적절)

5) How much homework does your teacher usually assign?(* homework: 불가산 명사임)

6) Your English is very correct. You make a few mistakes. (→ few)
(* 문맥상 부정문에 가까운 few가 자연스러움)

7) We didn't have much good experiences there.
(→ many 혹은 a lot of)
(* experiences는 셀 수 있는 명사이므로, many 나 a lot of가 적절함)

8) **Few** malfunctions of the new DVD player have been reported. (* '거의 없다'는 few가 적절함)

9) **Some** of the staff crossed the picket-line on the first day of the strike.

10) There is always much mail after a national holiday. (* mail은 불가산 명사이다. 따라서 much가 적절함)

Unit 03-1. 형용사_한정사

1) I remember her as [a/ really / rude] student.
(EPL, 119)

2) I purchased the car at [half the price].

3) Mr. Lee took a lot of blame when he appointed [**a friend of his**] to an important post in his school.

4) **Some of Picasso's paintings** have been retrieved yet since they were stolen from the museum.

5) I couldn't decide which of [**the/ two /pens**] to buy. (* '정관사 + 수량형용사'의 순서)

6) Everybody thought that Mr. Clinton's speech was [**a / very / impressive**] speech.

7) We need to think of **something** special in order to attract customers. (명사 -thing을 뒤에서 수식하는 형용사)

_______ students were punished for having stayed out without permission.
(A) My some (B) My of some
(C) Some my **(D) Some of my**

8) She is a kind girl.
He gave replies to _______ email letter he received from his supporters.
(A) many (B) some
(C) any **(D) every**

9) I'd like to drink something cold. Jessica had a hard time adapting herself to _______ environment.
(A) new working (B) new the working
(C) the new working (D) new working the
(* 어순은 '정관사+형용사+ 명사구')

Unit 03-2. 형용사(I)

1) [Living / Alive] things are made up of cells.

2) You and your brother don't look very much [likely / alike].

(* likely: ~ 할 것 같은, alike: '비슷한')

3) Children like [sweet something / something sweet].
(-thing, -body, -one 으로 끝나는 명사는 형용사가 후치 수식한다)
4) Did you meet anybody interesting at the party?
5) Anger drove him blind.
(목적격보어로 목적어 him의 서술적 용법으로 쓰임)
6) The news of his injury turned her pale.
7) The technician became cations after the accident in the laboratory.
(* 주어의 상태를 나타내므로 형용사가 적절함)
The specially designed hat made her look more gorgeous.
(보어자리는 부사가 아닌 형용사가 와야 함)
8) The product is worth ten times the suggested price.
All of her students fell [asleep / sleep] when she started explaining grammar rules.
(* 2형식 문장의 주격보어는 명사나 형용사가 적당함)
9) The waiters working at the new Italian restaurant are very friendly.
(* friendly는 부사처럼 보이는 형용사이다)
The boy was ________ when he found his grade satisfactory.
(A) please (B) pleasing
(C) pleased (D) pleasant
(*빈칸은 보어자리임, 보어는 명사, 형용사(분사형태의 형용사 포함), 그리고 명사 상당어구들이 적절함)
(the boy가 '기쁜'상태이므로 과거분사 형태의 형용사가 적절함)

Unit 03-3. 형용사(II)_착각하기 쉬운 형용사(p.123)

1) A stay in the country will be [beneficent / beneficial] to his health.
2) They were the best in their [respectale / respectful / respective] team.
3) Reducing class sizes in schools is a [desirous / desirable] aim.
4) The elaborate ornament on the brooch made it more cost(→ costly) and luxurious.
(* 5형식 문장의 목적격 보어는 형용사 costly(돈이 많이 드는)가 적절함)
5) They invested considerable resources in developing the prototype.
The newly established system is [compatible / comparable] with existing equipment.
(주격보어로 의미상 적절한 형용사는 compatible 임, '양립할 수 있는'의 뜻은 'compatible with + 명사')
6) We are appreciative of your doing business with us.
What do you think is the most ________ way to heat this house?
(A) economy (명사) (B) economic (형, 경제의)
(C) economics (D) economical(형, 경제적인)
(* way를 수식하는 한정적 용법의 형용가 필요. '경제적인', '실속 있는')
7) The sales rate of cold drinks has increased by a **considerable** amount.
8) A **considerable** number of employees will lose their jobs. (* considerable 상당한)

Unit 04. 동사

1) He **is** a student.
2) I **go** to school by bus.
3) The earth **moves** round the sun.
4) The plane **starts** for America tomorrow morning.
5) I **met** him very often during my stay in Korea.
6) World war Ⅱ **broke** out in 1939.
7) I **shall**(will) be late for school if I miss this bus.
8) Father is **reading** a novel now.
9) **Have you finished** your breakfast yet?
I **have attended** the forum several times.
10) She **has been debating** with them for hours.
I had just finished my breakfast, when he came.

Unit 04-1. 동사_자동사 VS 타동사

1) I **go to** church on Sunday.
2) The vase broke into pieces because of strong winds.
3) We love flowers.
4) I dug the ground.
5) I dreamed a curious dream.
6) He gave me a book. (목적어의 형식: 명사)
7) Everybody wished to succeed in life.
(목적어의 형식: to 부정사)
8) He always avoids making a promise.
(목적어의 형식: 동명사)
9) I know (that) he is honest.

10)Christine resembles her mother closely.

Unit 04-2. 동사_동사의 종류

1) He **became** famous.
2) My coworkers **seem** (to be) nervous.
3) There is **a strong relationship** between being truant, dropping out of school, and getting arrested.
4) If all parties **agree** with the terms of the contract, it can be signed and the work can begin immediately.
5) We are holding a mandatory meeting to **discuss** what should be done about the recent rash of theft at **our** factory.
6) Mrs. Tom is looking for someone to **give her** a ride to the conference **tonight**.
7) Ernst Fuchs once **mentioned to me** that it takes ten years for an artist to gain recognition.
8) The President appointed him ambassador to Korea.
9) Do nor do to others what you would not **have** them **do** to you.
10)Mr. Fontana has been designated as the coordinator of the instructional Technology team because of his expertise in the area and his vast experience in the field of teaching.

Unit 04-3. 문장의 형식_1형식 / 2형식

1) Fortunately, the weather changed from rainy to sunny.
2) Tom has kept silent during the police investigation.
3) The actress finally became a role model for young women.
4) A discounted rate seems attractive to customers.
The bride ran away from her wedding.
5) My boss got angry with me.
(* 불완전 자동사 got은 보어(형용사)를 필요함) (SVC)
6) The stock is running short. (SVC)
This type of fabric can burn easily. (SV)
7) The music business came close to collapsing. (SVC)
8) My heart is a lake (SVC)
9) Prejudice is a serious crime. (SVC)

Unit 04-4. 문장의 형식_3형식

1) The politician arrived at the airport at 3 p.m.
2) They discussed this topic previously.
3) He placed his hands in his pocket.
4) Every politician should obey the national law.
5) My brother became a golf player at the university.
6) I dug **the ground**.
She resembles **her mother** very much.
7) He wiped off **the table**.
Rachel's plan to spend her holiday in Europe.
8) They seems to be interpreting the contract differently.
9) Jane **married** her old friend, Mike.
10)We **hired** ten additional employees.
The chairman of the board **approached** her.

Unit 04-5. 문장의 형식_4형식

1) The boss **got** him a part-time job at the shopping mall.
2) He **made** a model car for his daughter.
3) You **have to** show your passport to the officer at the airport.
4) Hanna chose him a good English grammar book.
5) They offered her the position of manager.
Tom promised Jane that he would finish the work on time.
6) The girl over there told me the way to the post office.
7) John **offered** Mary some help.
This evidence shows us that he might have to a connection to the crime.
8) That school **offered** me the position.
She wrote a letter giving the details of her trip to him. (* write A B→ write B to A)
9) Can you **give**(spare) me a cigarette?

I made a new wooden house **for** my dog.
(* make A B → Make B for A)

10) Would you pass me the salt, please?
The teacher **asked** several questions **of** him, but he didn't answer. (* ask A B → ask B of A)

Unit 04-6. 문장의 형식_5형식

1) The hurricane **made** the student a hero.
2) I **found** the test easy for me.
3) She **had** her hair dyed at a new hair salon.
4) The boss **appointed** her head of the sales department.
5) He **bought** his daughter some fashion magazines for her 17th birthday.
6) The captain named the ship The Great Explorer.
7) They found their goal manageable.
We **saw** the dog cross the street toward its master.
(* SVOC 5형식의 문장으로, 목적어 the dog가 원형부정사인 cross를 목적보어로 취하였다)
8) The judge **declared** him the champion.
The teacher asked him to write a paper about future jobs.
(* SVOC의 5형식의 문장으로, 목적어 him이 to 부정사를 목적어로 취하였다)
9) We **have painted** our house white.
My family **heard** the plane **take off** with a loud noise.
10) He **pulled** his seatbelt tight.
She watched kids playing in the yard.

Unit 05. 일치(I)_주어-동사

1) Trying to see the other person's point of view is a good rule in life.
2) Children dealing with hunger pains have trouble paying attention in school.
3) There are children who don't want to learn to read.
4) The number of unemployed college graduates are (→is) increasing.
5) A number of mistakes was (→were) made by the entry-level employee.
6) The sales department needs a new building.
The captain named the ship The Great Explorer.
Either his parents or he have(→has) to sign the contract.
(* either A or B, neither A nor B, not A but B not only A but B = B as well as A, → B에 동사의 수를 일치)
7) The managers working in sales department visit us every week.
Tom, as well as his two sons, are (→ is) well known as a write.
8) Sign language (for the deaf) was developed in France in the 18th century.
9) There are **students** [who **have** great difficulty in reading].
10) I have a little <u>dog</u> [which <u>has</u> a bad habit of biting anyone].

Unit 05-1. 일치(II)_주어-동사

1) Either Henry or his brothers are responsible for it. (종합 316)
2) Neither Mary nor the other boys know about it.
3) Not only the teacher but the students are earnest.
(= The students as well as the teacher are earnest)
4) Near that hospital are some great Korean restaurants.
5) No longer are dogs considered merely animals.
6) Half of the production is exported to China.
Little does her story tell us about her life.
7) Most of the employees complete the two weeks of training.
· Everybody want to keep their cars in the best condition.
8) **Each** creature **depends** in some way upon other living thing.
9) The rest of the papers are on the table.
(* 부분을 나타내는 명사나 분수의 표현이 주어진 경우, 뒤따르는 'of+명사'의 명사에 수를 일치시킨다. 복수동사 are로 고친다)
10) Three-fourths of the earth's surface **is** water.
(* 분수는 뒤에 오는 말에 따라서 수가 결정된다)

Unit 06. 시제 (I)_현재시제

1) These days, I walk to school for the exercise.
2) He was a waiter when I first met him, but now

he owns his own restaurant.

3) The earth goes around the sun.
Multinational companies give higher salaries.

4) Multinational companies give higher salaries.
If the weather is nice tomorrow, we're going to go on a hike.
(* 조건의 if 부사절에서는 미래시제를 사용하지 않고, 현재시제로 대체한다)

5) I don't like my current job, but I will stay with this company until I find something better.

6) He drinks two cups of coffee before he goes to work.
(* 시간의 접속사 before가 사용되었으므로, 현재가 미래시제를 대체)

7) The concert starts at 4 p.m. Please don't be late.
(* 시간이 확실히 정해진 경우이다, 시작의 나타내는 starts가 함께 사용, 현재시제 사용. 아직 일어나지 않은 일이라고 미래시제를 사용하지 않도록 주의)

8) We'll not go out if it rains tomorrow.
We crossed over the Han River which flows through the city.
(* '한강이 도시를 흐르고 있다'는 현재 상태이므로 과거시제를 쓰지 않도록 주의)

9) He works as a researcher.
Kevin leaves for Japan this weekend.
(* 왕래발착 동사로서 현재형으로 가까운 미래를 대용)

10) The staff meeting begins at 9 A.M. every Monday.
What time does the special dinner start tonight?
(* 왕래발착 동사로서 현재형으로 가까운 미래를 대용)

Unit 06-1. 시제 (II)_과거 / 미래

1) I first heard this song when I was about 13 years old.

2) I received the book the other day, and I'm really enjoying it.

3) Centuries ago, people believed the Earth was center of the Universe.

4) The committee **is going** to have a meeting **tomorrow**.
We had dinner before you arrived.
(* '네가 도착한 시점'보다 이전에 저녁을 먹음(had+p.p))

5) My team lost the game last weekend. We could have won.
(* 과거의 시점을 나타내는 'last weekend'와 함께 사용되므로 과거시제 lost 사용 됨)

6) Just minutes ago, the president made a brief speech to the nation.
('방금전'이라는 과거의 시점에 일어난 일은 과거 시제 사용)

7) I know that Shakespeare was born in 1564.
(* 세익스피어의 출생에 대한 역사적 사실이므로, 과거시제로 사용)

8) I arrived here after he left.
(* after가 있어서 사건의 전후를 명백히 알 수 있으므로 과거완료 대신 과거시제가 쓰임)
If the weather is not good, we will cancel the picnic.
(* 시간과 조건의 부사절에서 현재로 미래시제를 나타냄, 하지만 주절은 적용되지 않고, 미래에 관한 내용은 미래시제로 표현)

9) Try as she might, she could not find a solution to the problem.
(* 주절의 시제가 과거, 종속절도 시제 일치에 의해 과거가 됨)
The clearance sale on all items at Joo grocery store will begin next Saturday.
(* 부사구 next Saturday와 어울리는 동사는 미래시제가 적절함)

10) If there is a problem with the server, the tecnician will repair it.
(* 미래 시제 'will +동사 원형'은 미래 상황에 대한 예상이나, 말하는 사람의 의지를 나타냄)
The problem of traffic congestion in the downtown area will disappear very soon.
(* very soon은 미래를 나타내는 부사구이므로 동사는 미래형이 적절함)

Unit 06-2. 시제_현재진행 / 과거진행 / 미래진행

1) He is always complaning to his manager.

2) I slipped on the ice while I was crossing the street in front of the dorm.

3) I will be watching my favorite TV show tomorrow evening.

4) The marketing department **is conducting** a survey.
Look outside! It **is snowing**. Everything is beautiful and all white.
(* 눈이 오고 있는, 말하는 순간의 진행 상태이므로 현재진행형 시제를 사용한다)

5) The president **will be taking** part in the meeting.
If you **drink** too much coffee, you won't be able to sleep well.
(* 조건의 부사절 안의 동사는 미래시제 대신 현재시제를 사용한다)

6) While **I was washing** my car yesterday, I discovered a small scratch.

(* 과거 특정 시점에 진행 중이었던 동작이므로 과거 진행형으로 표시)

7) I was crying because of the tooth pain but he made me feel comfortable right away.

(* 진행중인 동작을 묘사하는 것이 아니므로 과거형 시제가 적절함)

8) The office manager **is seeking** new laboratory technicians. (현재진행 시제)

My mother was tasting the food to check if it needed more salt..

(* taste가 '~한 맛이 나다'라는 감각동사로 사용될때는 진행형이 불가하지만, '~을 맛보다'라는 동작의 동사일 때는 진행형이 가능하다. 일시적인 동작을 강조하는 것이다)

9) The employees **were working** on a sales reporting last night. (* 과거진행 시제)

Actually, I want to get into shape before my vacation.

(* 상태동사 want는 진행형이 불가하다)

10) At this time tomorrow, I **will be attending** the ninth annual tourism conference in Miami)(* 미래진행시제)

Thank you for your kind explanation. Now I understand that lesson.

(* understand는 진행형이 불가한 인식동사이다)

11) Tim is having trouble with his car, so he has to take the bus to work today.

(* have가 '~을 가지다'의 소유동사일때는 진행형이 불가하나, have가 '~을 겪다(경험하다)'는 의미 일 때는 진행형이 가능하다)

12) As far as I **know**, she won't show up today.

13) I **want** to learn to play tennis, but it looks hard.

(* 감각동사, 감정동사, 소유동사, 인지동사, 상태동사 등은 모두 현재 진행형으로 사용할 수 없다)

(* e.g. know, love, see, have, remember 등이다)-그러나 일시적인 동작과 동사의 뜻이 바뀔 때는 쓸 수 있다)

(I know him. He loves me)

Unit 06-3. 시제_현재완료(Ⅰ)

1) Mr. Kim has taught students for 20 years. (EPL, 52)

2) Have you ever been there?

3) My laptop computer has just been repaired. (53)

4) Look at the sky! Have you ever seen so many stars like this?

5) We have been in business for almost two years and we are growing rapidly.

6) The role of manager has changed over the past years.

· Alex has lost some weight and now looks better than ever.

7) Mr. Dupont has worked for Barton, Inc., since 1990.

· Fifth years have passed since she made her first movie.

(* 'since + 기간'은 완료 시제의 '계속'용법과 잘 어울린다)

8) Here is the complete list of the places we have visited since we started traveling.

-Rachel has gone to a theater to see a play, so she is not here now.

(* go의 현재완료 형태(have gone)의 경우, 이미 가버리고 없는 현재의 결과를 나타냄)

9) In the last five years Myre Melford has gained recognition as a gifted jazz pianist and composer both in Europe and the U. S.

Have you finished your homework yet?

(yet은 finish와 함께 완료 여부를 나타낼 때 사용함)

10) Since last month's staff training, we have been reviewing our employee's performance.

-Laura has lived in Japan all her life.

11) I have seen this film three times before.

(* before, ever, never, once 등은 과거부터 현재까지의 경험 유무를 나타내는 부사이며, 이런 부사들과 어울리는 시제는 현재완료이다)

12) I have worked as a manager at this insurance company since last month.

(* 주어+현재완료, since + 과거시점의 형태를 갖춘 문장이다. since가 이끄는 부사구 안은 과거를 나타내는 절 또는 구문이 와야 한다. '~ 이후로 계속 ~해 왔다.'의 현재완료 구문이 되어야 함)

Unit 06-4. 시제_현재완료(Ⅱ)

1) She has been doing yoga for two hours.

(* 'Have/has been ~ing' 형태는 '쭉 요가를 해오고 있다'의 의미)

2) They have been talking on the phone for almost an hour

3) Since it manufactured its first car in 1955, Korea has grown to be fifth largest automobile producer in the world.

(* 현재완료의 '계속'용법을 사용한다. 'since'(~이래로)를 사용한 것이 힌트가 된다)

4) I have been waiting for Jane since noon, but she

hasn't showed up yet.

(* 그녀는 아직까지 오지 않은, 즉 완료되지 않은 상태를 의미함으로 현재완료의 '완료'용법을 사용한다)

5) He has lost his key, and I lost my key yesterday.
The company and the union finally started the negotiation on pay raises two days ago. They already agreed on almost everything.
(* two days ago라는 명백한 과거 시점과 함께 사용되었으므로 현재 완료시제 사용은 불가하며, 과거 시제를 사용해야 한다)

6) He has worked here for two years.
-For the last two week, he has read nothing but fantasy novels.
(* for(~동안)을 사용한 현재완료의 '계속용법'이다. has read를 사용하여 '2주째' 이어지는 동작을 표현한다)

7) Do you know this movies?
Yes, I have seen the movie before.
-Aspirin has been used to relieve the pain of a headache since 1897.
(* since 구문이 포함된 현재완료 동사의 구문, since+have(has)+been+p.p. (현재완료 수동태 구문))

8) I have just finished the work, so I'm tired now.
When did you come to Korea?
(* 현재완료: 선개념, 과거형: '점'개념의 시제. when은 정확한 시점을 묻는 의문사(점의 개념이다), when~에는 현재완료형 동사는 부적절함)

9) Many residents in this city decided to install home securuty systems three months ago.
It has been two years since I left home.
(* 'since + 과거시점'은 그 시점부터 현재까지 계속된 상태나 동작을 가리키므로, 동사자리에 현재완료가 어울린다)

10) The governor has just finished his speech.
Last night I saw David talking on the phone by the window.
(* 지각동사+ 목+목적보어(5형식), 'last night'은 과거시제가 어울림)

Unit 06-5. 시제_과거완료 / 미래 완료

1) Dinosaurs had become extinct by the time humans first appeared.
2) I hadn't seen snow before I moved to Canada last year.
3) The rain had stopped when class was all over, so I didn't need my umbrella anymore.
4) She couldn't a new car because she had spent all the money on her apartment.
5) Before Jason won the lottery, he had never won any kind of contest. (경험)
6) I gave my son the famous dictionary that I had bought for me.
(* 전, 후 관계가 있는 일, 더 이전은 과거완료, 이전은 과거시제가 적절함)
I handed him the newspaper, but he said that he had already read it during his lunch hour. (완료)
7) Spring had come again bt the time she was well.
(* 과거완료의 결과용법)
She had been watching her favorite TV show by the time her mother came to see her. (계속)
8) Hardly had the plane taken off before it began to blow hard.
(Hardly ~ before. . . 은 주로 과거완료로 쓰며, 동사 + 주어의 순으로 도치구문이 된다)
I spent all the money [that my mother had sent me].
9) She visited the foundation that she had created five years earlier.
Cathy had never been sick until she was five.
(과거이전의 사실에는 과거완료를 쓴다)
10) By the time next year, the couple will have been married for three years.

Unit 07. 태 / 수동태(Ⅰ)

1) The previous prize winners will be invited (by us) to the March 17 award ceremony.
2) They were satisfied with what they were being taught by a number of experts from each field.
3) Looking down from a helicopter, they discover that the river has been polluted by factory waste.
4) These days cellphones can be used (by us) as digital cameras and music players.
5) Many kids are made fun of by other classmates on a daily basis.
6) The clients **were satisfied with** our service.
Act in a respectable manner and you will be looked up to by others.
7) The shipping manager was struck by a delivery truck.
The author is liked by readers but (he or she) is spoken ill of by critics.

8) All of our problems **have been solved**.
Sleeping pills [prescribed / were prescribed] to help my mother fall asleep more easily by the lady doctor.
9) The saxophone was invented by Adolphe Sax.
His boss was always spoken ill by the man.
10) I had my purse **stolen**.
(B) Your pet will be looked after by your aunt.

Unit 07-1. 태 / 수동태(II)

1) It is expected that the weather will gradually improve over the next day or two.
= **The weather is expected to** gradually improve over the next day or two
2) It is said that Cleopatra bathed in milk to keep her skin soft and young.
= **Cleopatra is said to have** bathed in milk to keep her skin soft and young.
3) It is known that vitamins play an important role in the body's energy production.
= **Vitamins are known to play** an important role in the body's energy production.
4) Let the truth be told to everyone who wishes to seek it.
5) The job opening was posted on our website yesterday.
It is reported that artificial rain will be used to clear dust from skies over Beijing.
6) Once your order is submitted, we will email you a contract along with payment options.
For more than a year, the Korean won has been rising in value against other currencies.
(* rise는 자동사이므로, 수동태가 불가능하다. 타동사만이 수동태가 가능하다는 점 유의)
7) All items have to be paid for and picked up the end of March.
Judging from the style of brush stroke, it appears that all the pieces were painted by the same artist.
(* appeares는 자동사이므로 수동태가 불가하다. 단수 주어 it 이므로 appears가 되어야 함)
8) Computer network business **is often looked upon by many people as** something that is too difficult to do.
People think that the glaciers of polar regions will disappears in a few years.
(* disappear는 자동사이다. 이러한 부류는 appear, disappear, occur, happen, arrive 등이다)
9) The program **has undergone** several minor revisions.
M&S, a major British retailer, was [founded / founding] by Michael Marks and Thomas Spencer in Leeds.
(* M&S는 능동의 주제가 아니고수동작 대상이고 동사 found와의 관계를 고려할 때 M&S사는 '설립되는' 수동의 입장이다)

Unit 07-2. 문형별 수동태

1) Honesty and kindness were taught me by my parents.
2) They were given a chance to take the test again by the teacher.
. A chance to take the test again was given them by the teacher. (4 형식)
3) Kennedy is admired by all the people in the world.
On a clear night, we can see satellites moving silently across the sky. (5 형식)
→ **On a clear night, satellites moving can be seen moving silently across the sky.**
4) We never heard him say an unkind word about anyone. (5 형식)
→ He was never heard to say an unkind word about anyone. (by us)
(* 지각동사 hear가 사용되어 목적보어로 동사원형을 사용하였다. 따라서 지각동사가 사용된 5형식)
5) The author himself sent the publisher the manuscript of the novel.
→ **The manuscript of the novel was sent to the publisher by the author himself**.
6) He was seen to enter the room.
The students ________ a test on the passive voice tomorrow.
→The students **will be given** a test on the passive voice tomorrow.
(* 문맥상 학생들이 시험을 '부여받게 되는' 대상이므로 수동태가 맞고, tomorrow라는 부사가 있으므로 will be given이 적절함)
7) The scientist **was disappointed at** the results of the experiment.
His parents made Nick stay indoors all day long. (능동)

Nick was made to stay indoors all day long by his parents. (수동)

8) His woods made me confused.

9) My teacher was surprised at my picture.

(*수동표현: 감정을 일으키는 대상이 주어일 때, 수동의 분사(p.p.)를 사용한다. 즉, 감정, 심리를 나타내는 표현중 다수가 우리말로는 능동의 표현이나, 영어로는 수동으로 표현됨에 유의하자. 이들은 by 이외에 at, about, with, in 등의 전치사와 자주 사용됨)

10) The result of the poll was **disappointing**.

(능동 표현: '감정을 일으키는 주체가 주어이면, 능동의 분사(-ing)를 사용한다)

11)The large table **was covered with[by]** every kind of food.

(* by 이외의 전치사를 쓰는 수동태, be interested in ~, be surprised at~ be known to~/for~/ as~ 문장을 수동태 전환시, 동사 원형이었던 목적보어를 to부정사 로 전환하여 'to say'로 함)

Unit 08. 부사(I) p.125

1) Choose your friends very [careful / **carefully**].
2) The waiter seemed [**busy** / busily].
3) The children were playing [happy / **happily**] in the garden.
4) Jack's mother is [serious / **seriously**] ill in hospital.
5) The old woman fell and hurt herself quite [bad / **badly**].
6) They finally decided to reform the law.
   The girl offered the old woman her seat **kindly**.
7) It was an absolutely successful project.
   The car was running very **fast**.
8) The new Disney animation is much more amusing than the previous ones.
   Unfortunately, I lost my credit card yesterday.
9) This nice tie looks good on you.
   Because of the noise from the construction outside, he could **hardly** concentrate on reading.
10)Our goal is to help our patients get **well** again.
   Nearly fifty thousand people congregated in the square to see Psy's concert.

Unit 08-1. 부사(II) p.127

1) You must **never** swim after a big meal.
   (* 빈도부사 never는 조동사 뒤에 위치한다)
2) We **rarely** see each other now.
   (* 빈도부사 rarely는 일반동시 앞에 위치한다)
3) I haven't told her anything about our plan **yet**.
   (* already는 긍정문, yetsms 부정문(아직~) 혹은 의문문('이미, 혹은 벌써')에 사용)
4) Have you finished with the newspaper? - No, I'm **still** reading it.
5) He's still looking for a job. He hasn't found a job yet.
6) The company provides much better service in terms of technology than any other company.
7) I have never seen such a beautiful scene **before**.
   Have you started setting the table for the party **yet**?
8) Frankly, he said nothing.
   Why does the woman always wear **such** eccentric clothes?
9) We **frequently** have problems with our new machines.
   (* 빈도부사 긍정을 나타내는 frequently, always, often, ometimes, usually, once, ever, regularly 등이 있으며, 부정의 뜻을 나타내는 scarcely, seldom, rarely, never 등이 있다)
10)He **seldom** participates in outdoor activities.

Unit 09. 조동사 / 준동사

1) **May** I come in? Yes, you **may**.
2) You **might as well** expect the sun to rise in the west **as** expect me to change my opinion.
   (* might as well ... as ~ (불가능한 일, " ~ 보다는 차라리 ...하는 것이 낫다")
   may as well ... as ~ (가능한 일에 쓰인다)
3) The government has increased the taxes, so now employers **must deduct** more from employees' paychecks.
   (* deduct(공제하다)라는 원형동사 앞에 올 수 있는 것은 문법상 조동사 must)
4) Because of the increase in traffic, London city is planning to **widen** the road, (* plan to + 원형동사)
5) The man **fixing** Ms. White's car is a mechanic.
   To succeed in politics is not easy. (To 부정사의 명사 역할)
6) (Being) invited to the party, he needs some new clothes.

I want **to apply** for the job. (To 부정사의 목적어 역할)

7) **While I was walking** home, I noticed a new building.
(= Walking home, I ~)
My Job is **to conduct** a marketing survey. (To 부정사의 주격보어 역할)

8) Because I attended a funeral, I could not go to work.
(Attending a funeral, I ~)
He found a job **to apply for**. (to 부정사의 형용사 역할, 명사수식)

9) As Mr. Jones and I dined together, we discussed politics.
(= **Dining together**. Mr. jones and I ~)
He **seems to be** a trainee. (토마토 119)
(* 본동사와 동시에, 혹은 일어난 일은 기본시제: <to + 동사원형>)
(* He **seems to have been** a trainee. (본동사보다 이전 시점에 일어난 일은 완료 시제: <to + have p.p.>)

10) After she had swept the floor, she took a break.
(=**Having** swept, she ~)
We asked Personnel **to give** us a bonus. (토마토 119)
(의미상의 주어와 to 부정사의 관계가 능동이면 기본형태 : <to + 동사원형>)
(* We asked **to be given** a bonus)
(의미상의 주어와 to 부정사의 관계가 수동이면 수동형태 : <to + be p.p.>)

11) Senior managers expect the strategy will **help** to increase market share.
(* help는 to 부정사나 원형부정사를 목적어, 혹은 목적보어로 취한다)

12) Miss Yoone says the letter **must have been mailed** last Friday.
(* must have + p.p. ('~했음이 분명하다' 의 구문))

13) Once taken, the drug has a deadly effect.
(* 원래 구문은 Once it is taken, the drug has a deadly effect.)
→ Once being taken, the drug~ 에서 being이 생략된 구문. (의미를 분명히 하기 위해 드냥 두는 경우도 있음)

14) We asked personnel to give us a bonus.

15) Arthur was proud to have been hired by the world famous company.

Unit 10. 동명사(Ⅰ)

1) The dog kept **barking** at the stranger.
2) The kids continued playing outside until late.
3) Let's start discussing the new topic.
4) I'll finish writing the essay in an hour.
5) Greene company is considering renovating the office.
I would consider **getting** some counseling.
6) She spends her free time reading.
The audience started **leaving** (or to leave) before the play was over.
7) We appreciate your(you) helping us.
(* 동명사 앞에 소유격이 원칙이나, 구어체에서는 목적격도 쓰임)
I need to talk with my teacher immediately.
(* need는 to 부정사만 취함)
8) He complained of **not having been paid** travel expenses.
Celin enjoys having a cup of tea after lunch.
9) I **prefer visiting**(to visit) famous tourist destinations.
You can't avoid **going** to jail if you commit a serious crime.
10) We **are used to staying** in hotel accommodations.
He admitted **driving** recklessly but denied **stealing** the car.

Unit 10-1. 동명사(Ⅱ)

1) She gave up **persuading** her brother.
2) It is easy following the instructions.
3) I'm getting tied of **eating** instant food.
4) The hotel manager was busying **checking** reservation information.
His biggest concern is using green products.
5) She **insists on** exercising at keast three times a week.
6) They **complain of** the lecture's having been boring.
7) Remodeling the office costs a lot.
I'm sorry for not having **answered** your call yesterday. (* 종속절이 주절보다 더 이전 시점)
8) Mr. wang tried to avoid answering my question.
When she heard that there was little chance of her son **being** found alive, she could hardly breathe.
9) **Drinking** a lot of water helps us stay healthy.
To achieve great precision we developed with

time a new method for **measuring** the quality of subjective experience.

10) They suggested developing new products annually.
After being investigated by the prosecution, the person was suspected of **killing** many children.

Unit 10-2. 동명사의 의미상 주어, 시제 (p. 189)

1) We complained of the food being awful.
2) He sould be ashamed of having cheated in the exam.
3) I'm sorry for not having contacted you last week.
4) The teacher mentioned having undergone surgery.
5) She doesn't mind he attending the meeting.
6) Traveling regularly for business is one of his responsibilities.
The director is proud of having won the award.
7) We provide an excellent service to every customer. (*형용사 +명사의 모양이 적절함)
I insisted on he phoning me as soon as he arrived at the destination.
(* 동명사 phoning의 의미상 주어이므로 소유격 형태인 his 혹은 him으로 해야 함)
8) I **cannot helping worrying** about missing our connection.

Unit 10-3. 동명사의 관용표현

1) On seeing his family, he began to cry. (on, see)
2) I had difficulty with her. (difficulty, communicate)
3) He looked forward to receiving his conference fee. (look forwar, receive)
4) I cannot help breaking the promise if you don't help me. (cannot, help, break)
5) It is no use complaining about the new school regulations. (no use, complain)
6) Hanley Inc. was known for funding charitable organizations.
· 그 지역의 많은 작은 도시들은 한번 방문해볼 가치가 있다.
→ A lot of small towns in the area are worth visiting once. (worth, visit)
7) Airline personnel must be dedicated to serving the passengers.
· 나는 그 이상한 메시지에 대해 생각하지 않을 수 없다.
→ I cannot(can't) help thinking about that strange message. (help, think)
8) **On arriving** at New York Airport, I called one of my clents.
There is no ______ what will happen in the future.
(A) know (B) knows
(C) knowing (D) knowledge
9) The tourists' passports need checking (need to be checked)
With a view to ______ scholarship, he studied hard.
(A) gain (B) gains (C) gaining (D) gained
(* With a view to ~ing: '~할 목적으로')
10) I **look forward seeing** Harry soon
The president's sensitive reaction to the international community prevented the policy from ______ calmly and with patience.
(A) implement (B) implementing
(C) being implemented (D) implemented
(* 'prevent +목적어+ from ~ing'='목적어가 ~하는 것을 막다')

Unit 11. 분사 (p.173)

1) My mother is worrying about [rising / risen] costs.
2) David seemed [disappointing / disappointed] by her insincere answer.
3) A [surprising / surprised] number of people got hurt in the accident.
4) Holding my hands, the old man pleased. (=rejoiced)
We need to observe the [establishing / established] rules in our community.
5) Singing and dancing together, we had a good time.
We felt [overwhelming / overwhelmed] by his eloquent speech.
6) The man dancing on the stage is my uncle.
7) The police were astonished at the techniques of the criminal.

8) Sales figures from lasy year are **isappointing**.
The friends who were invited are coming soon to his birthday party.
9) Marvel, Inc., is one of the **leading** multinational companies.
As the police blocked the rally, the________ protestors went wild.
(A) outraging (B) outraged
(C) outrages (D) outrage
10) A signed contract cannot be changed.
Kathy must be delighted by his________present.
(A) unexpect (B) unexpects
(C) unexpecting (D) unexpected

Unit 11-1. 명사수식 분사 (ELP, 174)

1) The people **waiting** for the bus in the rain are getting wet.
2) The window **broken** in the storm last night has now been repaired.
3) You should set a fixed time and try to keep it. (fix)
4) This is a song **written** by my favorite singer, Amy Winehouse. (write)
5) Can you see the bike covered with dust in the corner of the garage?
6) Free laundry service is provided to guests **staying** six nights or more.
7) The children are **exciting**. (보어 역할)
She sent an e-mail to the editor about the error in the article [publishing / published last week.
8) I had the diary **written** daily. (보어역할)
Those [participating / participated] in this trip will have the chance to see the world in a completely new light.
9) The scheduled meeting was delayed.
10) The restaurant located in Jones Avenue is famous.

Unit 11-2. 보어 분사 (ELP, 176)

1) Traveling abroad with friends sounds very exciting.
2) It gets boring to eat the same thing every day.
3) I recently became interested in snowboarding.
4) I found it confusing to understand the rules of the game.
5) We had our photos taken in front of the Sphinx.
6) He made us surprised by the sudden news. (surprise)
7) The book **published** by EM House is sold out.
I had my purse stolen. (steal)
8) The outcome of the negotiations was **surprising**.
I heard them ______ my name.
(A) calls (B) calling
(C) called (D) having called
9) The completed agenda has many errors.
Though the government tried to attract more tourists, it couldn't keep our economy **revitalized**.
10) The man **signing** the contract is my boss.
She claimed her innocence even after I caught her stealing scarf at the store.

Unit 11-3. 감정을 나타내는 분사(p.179)

1) Mrs. Lee is an [interesting / interested] teacher, so every student likes her class.
2) The labels on canned food can be very [confusing / confused].
3) The boys returned home [exhausting / exhausted] after playing soccer.
4) Young Hee looks [satisfying / satisfied] at the result. Look at her smiling.
5) He seemed embarrassed about the disappointed result.
However hard I tried, I couldn't please the [disappointing / disappointed] customer.
6) Blare Corporation has limited parking space.
You never made me _______ with your story. (bored)
7) Because of the rising cost of fuel, many people use public transpotation.
That was really an _______ match. (exciting)
8) They were pleased with our product.
It is _______ for her to think about losing her parents. (frightening)
9) Nova Bank provides updated information on your account.

Listening to the sad song made me ______.
(depressed)

10) Her explanations make him **confused**.
Some memories of my childhood are ______.
(depressing)

Unit 11-4. 분사구문 (I)(p. 181)

1) His wife opened a wine bottle, [**pouring** / poured] a few drinks.
2) [**While** / Though] he was skating on the ice, my son injured his legs.
3) [When / **Because**] it was written in plain English, the novel is easy to read and understand.
4) When the rain began to fall, we took a taxi
→ The rain began to fall, we took a taxi.
5) **When entering the building**, visitors must present identification, Because there were no candidates, the election was postponed.
→ There **being no** candidates, the election was postponed.
6) **If providing the receipt**, customers can receive a full refund.
He kept silent. His arms were folded.
→ He kept silent with his arms folded.
7) **As soon as he saw** the policeman, the robber ran away.
Asked why he had abducted the child, the accused didn't say anything and just made an evil sound.
8) He threw a stone at me, yelling at me
Convinced of the importance of education, many countries are investing a great deal of money in institutions concerned.

Unit 11-5. 분사구문 (II) p.183

1) [Feeling not / **Not feeling** / Not having felt] well, she stayed home all day.
2) [Reading / **Having read**] all the books, I have nothing to read.
3) Daniel became angry [when asking / **when asked**] about his grades.
4) He looked around, [**taking** / taken] a few steps forward.
5) All things [considering / **considered**], she should accept the job offer.
6) [Discovering / **Discovered**] by the police officer, the thief gave up trying to steal the car.
7) The old man breathed his last, **surrounded by** his grandsons.
[**Having forgotten** / Having been forgotten] to bring the tickets, they were not allowed to enter the theater.
8) I knelt down, **asking** for his forgiveness.
All things ______, there were some misunderstandings about the emphasis on taking nutrient supplements.
(A) consider (B) considers
(C) considering **(D) considered**
9) (While he) **editing** the essay, he noticed some errors.
______ joined to many other movements, Rousseau's thought came to full fruition and became known to the public.
(A) It (B) When it
(C) When it was (D) When he
10) **Agreeing** to all of the changes, Ms. Thomas signed the contract. The smoke clearing, ______ dazed and wondering what had happened.
(A) the present people were left
(B) the present (C) the people left present
(D) the people present were left

Unit 12. 전치사 (I)

1) I went **to** the park **with** him. (종합, 360)
(* 전치사의 목적어: 전치사 뒤에 오는 말은 모두 목적격이 되어야 한다. 명사 park는 to의 목적어)
2) He is fond **of** driving **in** the country.
(* driving은 of의 목적어)
3) He came out of from **under the table**.
(* under the table은 from의 목적어)
4) He will not work **except** *when he is pleased*.
(* when he is pleased은 from의 목적어)
5) Jane talked to the man next to her. (EPL 129)
6) Ann put her books on the desk.
7) We had a contract meeting **with** a clients.
From now on I'm going to look on the bright side.

8) The firm opened its office in Torronto.
I bought all the furniture in this room from my friend.

9) My wedding anniversary is **on** August 17th.
(* 특정한 날 앞에는 on을 쓴다)

10) Turn to the left **at** the trafic light.
(* 장소의 한 지점에는 전치사 at)

Unit 12-1. 전치사 (II)

1) **On** his arrival in the office, Mr. Hamilton investigated the competitors.
(* On ~: ~하자마자, ~하는 대로)

2) **Over** the last several years, our export volume has doubled.
(* Over~: ~동안, ~에 걸쳐)

3) I will monitor the price changes **through[throughout]** next week.
(* through[throughout]: ~내내, 동안)

4) I fell asleep during the movie, I was asleep for half an hour.

5) The train will leaving in a few minutes.

6) We've been in class **since** 9 o'clock this morning.
(* since는 시작점을 나타냄과 동시에 동작이 현재까지 '계속됨'을 나타내어 주는 완료시제와 어울린다)

7) Three weeks **from** today is summer vacation.
(from은 단순히 시작점만을 나타내거나, 시작과 끝점을 제시하여 과거, 현재, 미래 시제와 모두 어 울려 쓸 수 있다. '~로부터'라고 해석한다)

8) You can't conduct personal business **during** working hours.
I'll come back **in** an hour.
(* 시간의 경과를 나타내며 시간내 이루어지는 일에 대해 전치사 in을 쓴다)

9) The web site of the association will be operational **by** the end of this month.
Mr. Brain has been teaching **since** 2010.
(* from, since 모두 전치사로 뒤에 과거 시점이 올 수 있지만, 이 문장의 주절의 시제는 현재완료로 2010년부터 현재까지 계속됨을 나타냄. '그 이후 쭉'을 의미하는 전치사는 since가 어울림. from이 사용될 때의 문장은 문장에서 시작과 끝점이 제시된다)

10) The cafeteria will be closed **until** further notice.
I work for this company **from** Monday to Friday.
(* 문장에서 시작과 끝점이 모두 제시되어 있으니 from 이 적절함)

Unit 12-2. 전치사 (III), p.133

1) His failure was [at / **due to**] his lack of work.

2) We can reach the top of the mountain [**by** / with] cable car.

3) This beautiful dress is made [from / **of**] silk.

4) Many people in Africa suffer [**from** / of] AIDS.

5) She owes her slender figure [from / of / **to**] good diet and exercise.

6) You can't blame the government [as / **for** / from] all your troubles.

7) The hotel guests may use the swimming pool **at no cost**.
.It is a tragedy that most children in this area have **died** for(→from) starvation.
(* '~하고 싶어 죽다' die for, 'die **from**+병명'는 '~의 원인으로 죽다')

8) The assignment lasts **until** the end of May.
The economy is close **to** recession on account of high taxes and shrunk consumer confidence.

9) The letter was sent to the wrong address.
In spite of his injuries, he will continue to participate in the three remaining games.

10) A smoke detectors should be placed **in** the hallway.
Kyle can easily distinguish the genuine ten-dollar bills **from** the counterfeit ones.

Unit 13. 접속사(I)

1) In the zoo, I could see a lot of animals **but** I felt sorry for them.

2) **While** I was watching TV, my wife was preparing dinner in the kitchen,

3) I have been so busy doing this project since it was given to me by the government.

4) **Immediately** he saw the policeman, he ran away.
When I was young, I used to listen to the raio. (○)

5) **Neither** Tom **nor** I am to blame.
Because she was so sick all day, she just stayed at home. (○)

6) Although Tom and Jack are twins, their

personalities are as different as night and day.
다음 문장에서 빈칸에 들어갈 가장 적절한 것을 고르세요.

7) Storing food in the refrigerator for a long time is not only unhealthy_______wasteful. (A) and **(B) but** (C) since (D) that

8) You need a portfolio **as well as** a reference letter to apply for the reaearch grant.
Unless I had a serious illness, my doctor wouldn't recommend that I get a CAT scan.

9) Unless Dr. Woods receives a grant, he will not be able to complete his research.

10) Please let me know if I've been approved for the loan(EPL 135)
(빈칸 뒤에는 절이 오므로 접속사가 필요하며, '~인지 아닌지'를 의미하는 접속사는 if가 적절함)

Unit 13-1. 접속사(II)

문맥상 빈칸에 알맞은 말을 아래 <보기>에서 골라 써넣으세요.

<보기> and but for or so nor both either

1) The water was cold, so I didn't go swimming.
2) The child hid behing his mother's skirt, for he was afraid of dog.
3) Both my brother and my sister like to play the guitar.
4) English is very useful for our success - not only for entering college but for getting jobs.

밑줄 친 부분 중 어법상 어색한 것을 고르세요.

5) James as well as(A) his sibling was(B) neither shy **or(C)** outgoing in(D) his youth.

다음 문장에서 빈칸에 들어갈 가장 적절한 것을 고르세요.

6) Take a taxi,_____you won't miss the rain.
(A) or **(B) and** (C) for (D) though

다음 문장에서 어법상 어색한 문장을 고르세요.

7) He is not only rich but also kind.
They started boarding not at gate 7 but at gate 17.

8) **Both** Tom and Judy attended the meeting.
The actress looked older, so she still ha her own charm.

9) Now that you are here, we can start our discussion.
The smart boy wanted to major in either physics or psychology.

10) He studies hard lest he should fail.
(He studies hard **for fear that** he should fail.
Criticism may wound a man's precious pride, hurt his sense of importance, and arouse his resentment.

11) The client put in **such** a large order **that** the supplier gave a special discount.

12) The basement parking garage is very convenient **except that** it is often full.

13) **After** becoming the manager, Mr. Watson made changes to the staff.

Unit 13 2. 접속사(III) (p. EPL, 139)

다음 괄호 안에 주어진 말 중 어법상 알맞은 말을 고르세요.

1) Do you enjoy looking at paintings and [visit/**visiting**] a museum?
2) She didn't allow Bob to surf the Internet or [**watch**/watching] TV.
3) According to the weather report, it will either snow or [rainy/raining/**rain**] tonight.
4) I was scolded by my parents not for getting poor grades but [to tell a lie/**for elling a lie**].
5) he earned an A in math bur [failing/failed/to fail] her class.

다음 중 어법에 맞는 것을 고르세요.

6) **Although** he is young, he is very wise.
My wife and I visited my parents [**during**/while] the summer vacation.

7) **Since** he is ill, he is not happy.
[**Despite**/Despite of] having a cold, Jane went out to play.

밑줄 친 부분 중 어법상 어색한 것을 고르세요.

8) He was **so** poor **that** he couldn't go to school.
They were(A) fascinated(B) by the **excitement(C)**(→

exciting) and action-packed movie.

9) Repairman will work to fix the elevators, **however** long it may take.
[During/**while**] the pie is cooling, prepare the frosting and topping.

10) **Whoever** has enough time, ask them to meet Ms. Crowe at the train station.
The result was not announced a day after the voting.
(A) by (B) **untile**
(C) when (D) while

Unit 13-3. 명사절을 이끄는 접속사(EPL 147)

1) It is obvious that he doesn't understand English
2) Last night I dreamed **that** I was on the top of a mountain alone.
3) My point is **that** we don't have enough power when we are divided.

명사절에 밑줄을 긋고, 어떤 역할(주어, 목적어, 보어)을 하는지 쓰세요.

4) The success of the party depends on **whether Nancy will appear or not.** =전치사의 목적어
5) Everybody was talking at once, so it wasn't clear **whether the meeting had begun**. 주어

that, whether, if 중 택일하여 쓰세요.

6) That the earth is round is an established fact.
The question is **whether** your plan will work or not.
7) I believe **that you study hard**.
Many waiters have complained **that** the new uniforms do not fit them.
8) One of the characteristics of leather is **that it has a fibrous structure**.
It's doubtful **whether /if** there'll be any seats left.
9) That you can't come to the party is a pity.
(=It is a pity that you can't come to the party)
I am sure _______ he will regret for what he has done to us.
(A) if (B) it
(C) **that** (D) what
10) The problem is that we are short of money.
It is certain _______ he was the most perfect ruler of men that the world has ever seen.
(A) if (B) **that** (C) what (D) how

Unit 13-4. 부사절을 이끄는 접속사 (EPL 151)

1) Jill slipped [**as** / since] she was getting off the bus.
2) We have stayed at home [**since** / when] it started raining yesterday.
3) I will not go to bed until my father [will come / **comes**] back.
4) Boil the potatoes [while / **until**] they are soft.
5) **When** Dad comes, I will tell him.
I was just going out of the office when he [will come / comes / came] to see me.
6) **When** I last heard from him, he was living in New York.
As soon as he **arrives** home, he will go to the hospital for a check-up.
7) **If** you want to take the chance to win a free MP3, just register online.
It will not be long _______ we can take a spaceship to Mars.
(A) if (B) that (C) until (D) **before**
8) Leave your number **so (that)** Ms. Shin can give you a call after the meeting.
. _______ their children have all grown up and moved away, the couple is thinking about leaving the city to go back to farming.
(A) As if (B) While
(C) Until (D) **Now that**

Unit 14. 관계사 / 관계대명사 (토마토 193)

1) The company (A. who / **B. which**) became incorporated last year issued stocks to expand its business.
2) The company executives met with the analyst (A. who / **B. whose**) report was published last month.
3) Mr. Saul is the investor with (**A. whom** / B. what) he researched on several different economic sectors.
4) The manager will present /(A.that/ **B. what**) he researched om several different economic sectors.

5) A team of experts analyzed the latest trends (A. where / B. which) we spoke of earlier this week.
6) Recently they opened a store for senior citizens ------ became very profitable.
(A) what (B) who **(C) which** (D) whom
7) The expert on international trade ----- the management hired will be in charge of exports to Australia.
(A) what **(B) whom** (C) which (D) where
8) **What** I want is only a cup of hot cocoa.
Sales reports of large corporations can indicate approximately the point----- the national economy will grow.
(A) which **(B) where** (C) what (D) why
9) Amsterdam is a city which has an important port. (한정적 용법)
10) The manager, who was suffering from the flu, had to cancel all her appointments.
11) The technician with whom I work is very skillful.

Unit 15. 가정법

1) If the report **be** (or is) true, I will employ him.
2) If you maintained your automobile properly and timely, you could avoid those unnecessary and costly repairs. (Eye, 187)
3) If I had not missed the plane, I would be in London now.
(* 가정법 혼합시제로, If절은 'had+p.p 형태로 가정법 과거완료이지만, 주절은 now로 보아 현재 사실의 반대인 가정법 과거'가 와야 한다. 그리고 주절의 동사는 would be가 적절)
4) If the sun **were to** rise in the west, I would not change my mind.
(* were to는 미래에 전혀 발생할 수 없는 사실을 가정하는데 사용한다)
If you should come to Seoul, come and stay at my place.
5) If the salespeople from the downtown office should join us, next week's sales meeting will be held in the large conference room.
6) If he had lived abroad, he could have gotten a better deal from the local merchants.
7) Had she been appointed as the chairperson of the committee, she would have chosen me as vice-chairperson.
8) It is **imperative** that all employees **be** at their desks promptly at 9:00a.m. each morning.
9) The manager **insisted** that all employees **attend** the upcoming benefit next Friday night.
10) Without your assistance, I would have never gotten all this work done on time.
11) If we **stayed** in a hotel, it **would** cost too much money.
(* 현재 사실에 반대를 가정함)
12) If she **speaks** Chinese, our company **will** hire her.
13) If you **should** need to contact me, I **should be** back in my office at around 4.
14) If I **were** in your situation, I **would** tell the truth.
15) If I **had taken** care of my health, I **would not have suffered** from so many illnesses.

Unit 16. 비교 구문_원급 비교

1) He isn't as healthy as he did when he was young.
2) I think health is as importantly as money in life.
3) I usually get up as early as my mom is.
4) The singer is now as tall as I thought he would be.
5) I've never had a girlfriend as prettier as you.
6) Tom is as tall as Judy.
Kimchi fried rice is as **delicious** as it is easy to make.
Try this recipe on the weekend.
(* as ~ as 사이가 be 동사의 is 의 보어 자리이므로 형용사 원급 delicious 가 적절함)
7) Tom is not as kind as Judy.
Getting used to a foreign country's food seems as [hard/ harder / hardly] as learning its language.
(* as ~ as 사이가 2형식 동사 seem의 보어 자리이므로 형용사 원급 hard가 적절함)
8) This is **twice as long as** that,
I prefer to go to the local market because it is **not as** crowded **as** the department **store [is** / was / dose / did].
(* 앞에 나온 is crowded를 대신하며 반복되는 crowded는 생략한다)

9) It is more important to do the job right **than** get it done fast.
Usually movie remakes aren't **as** popular **as** the originals [are / were / do / did] in the past but this movie is an exception.
(* were popular를 대신하여 반복되는 popular를 생략한다)

10)She wants to speak English as well as me .
(* as 뒤 비교대상은 원래 '주어+동사'로 표기하는 것이 원칙이나, 동사가 생략되는 경우에는 목적격으로 표시할 수 있다. 따라서 I speak 대신 I의 목적격 대명사 me를 쓴다)

Unit 16-1. 비교 구문_비교급 비교 (I)

1) Usually junk food is not as expensive as organic food.
2) I think raw fish taste **better than** grilled fish.
3) Spending money well is **more** difficult **than** making money.
4) This movie **less interesting than**(또는 not more interesting than) the one we saw last week.
5) In general, **the farther** in advance an airline ticket is purchased,
the lower the fare that is paid.
(* the +비교급~, the + 비교급~의 구문, 'in advance'(~보다, 미리 앞서)와 결합하여 '더 빨리 앞서서'를 의미하는 far의 비교급 farther 가 적절함)
6) The Sun's diameter is 109 times **longer than** that of the Earth.
7) Inside, the building was more beautiful than what we could tell from the outside.
A living room couch at my home should be **more comfortable than** the dirty old.
8) People who eat breakfast are healthi**er than** those who skip breakfast.
Using a mobile phone for a long period of time can be **more dangerous than** smoking for the brain.
(* 문맥상 형용사 dangerous의 비교급이 들어가야 함)
9) The country's exports decreased **more greatly than** they anticipated.
This book is less thick **than** that one.
(* 열등비교구문인 ' A less ~than B'는 'A는 B보다 덜 ~하다'를 의미한다. 'is의 보어로 형용사의 원급이 필요함)
10) through the Internet is **even easier than** shopping in person. . Now Nathan plays the guitar better **than** he did when he was young.

(* A than B 비교구문에서, A와 B의 비교대상은 서로 대구를 이루어야 한다. 따라서 than이하의 비교대상은 '주어+동사~"형태가 필요)

Unit 16-2. 비교 구문_비교급 비교 (II)

1) This car is superior to the car you mentioned yesterday in terms of fuel efficiency.
2) He prefers drawing to writing when he needs to reveal his true feelings.
3) The more you practice, the more confident you will get.
(* 'the 비교급, the 비교급'은 '~하면 할수록, 더 ~하다'의 뜻이다)
4) The little kid twisted Jack's arms but Jack was **a lot bigger** and strong.
(* 비교급 강조 부사는 a lot, much, far, still등을 쓴다. very는 비교급을 강조하는 부사로 쓰이지 않는다)
5) Tracy believe in the existence of Zombies but they are **no more than** imaginary creatures.
(* 'no more than'은 '단지, 그저'의 의미이다)
('no less than'은 '~만큼, ~이상으로', '적어도'의 뜻)
6) **The closer** a store is to the busiest areas, **the more** expensive its prices are.
The team Lucy belongs to is **the greater of the two teams** in the final of the school English dedate.
(* the + 비교급 + of the two~: '둘 중 한쪽이 더 ~한'으로 해석하며, 비교급에 the를 붙이는 경우이다)
7) **Of the two** items that you saw, I think the latter is **the better**.
Japan's economy will have decline in the terms of overall investment by **not less than** 10 percent.
(* no less than(~정도 되는), not less than(적어도)
8) Tom is **the taller of the two**.
The average weight of players in team A is twice heavier than that of players in team B.
(* <배수사+비교구문>)
9) **The more** Tom gets, **the more** he wants.
The harder you practice for your final match, **the better** result you can expect.
(* 'the 비교급, the 비교급' 구문)
10)I like him **all the better** for his faults.
Jack prefers staying at home to going shopping during the holiday.

Unit 16-3. 비교 구문_최상급 비교

1) I love dogs and I've seen many intelligent ones, but your dog is **the most** intelligent I've ever seen.
2) Traffic is one of **the biggest problems** in modern cities, resulting in congestion and pollution.
3) Children think their mother is **the most beautiful woman in the world** when they are young.
4) Probably **no other** musical instrument is **so popular** around the world **as** the guitar. (*'no other + 단수명사+as[so] +원급+as'의 형태
5) The one that is displayed is the most popular of all the items.
   No building in India is **as famous as** the Taj Mahal and millions of people visit India to see it. (* 'no + 단수넝사 + as 원급 as'이 형태)
6) Spring Park is **the closest** park in the area.
   The internet is **the most** powerful communications **tool that we have ever seen**.
   (*최상급 표현중 하나: the + 최상급+ 명사+ 주어 + have+p.p.)
7) Our magazine is read **more than any other** monthly journal in the country.
   Racial and religious prejudices are the most dangerous belief in the global age.
8) Dr. Watson's formular provides **the fastest** relief.
   Steve Jobs, who was considered the most outstanding innovator in creating products in the world of business, died at the age of 56.
9) The more I study English, the more interesting it becomes.
   The Korean pop star, Psy, has become much more popular than any other Korean singer in the world.
10) The more you are in a hurry, **the more** carefully you should drive,
    The Hotel San Francisco is one of **the most** efficient and professional **hotels on the East Coast**.
    (* 최상급 표현중, 'the + 최상급+ 명사+of(all) +복수명사')

[Speech & Summing-up 연설문 번역]

케티스버그 연설문(링컨)

여든 하고도 일곱해 전, 우리의 선조들은 자유속에 잉태된 나라, 모든 사람은 평등하다는 믿음에 바쳐진 새 나라를 이 대륙에 낳았습니다.

지금 우리는 그 나라, 혹은 그같이 태어나고 그같은 믿음을 가진 나라들이 오래도록 버틸 수 있는가 시험받는 내전을 치르고 있습니다.

그리고 우리는 그 전쟁의 거대한 격전지가 되었던 싸움터에 모였습니다.

우리는 그 땅의 일부를, 그 나라를 살리기 위하여 이 곳에서 생명을 바친 이들에게 마지막 안식처로서 바치고자 모였습니다.

이것은 우리가 그들에게 해 줘야 마땅하고 옳은 일인 것입니다.

그러나 보다 넓은 의미에서, 우리는 이 땅을 헌정하거나… 봉헌 하거나… 신성하게 할 수 없습니다.

이곳에서 싸운 죽은, 혹은 살아남은 용사들이 이미 이 땅을 신성하게 하였으며, 우리의 미약한 힘으로는 더 이상 보탤 수도, 뺄 수도 없기 때문입니다.

우리가 지금 이 자리에서 말하는 것을 세상은 주목하지도, 오래 기억하지도 않을 것입니다.

하지만 그 용사들이 이곳에서 한 일은 결코 잊지 못할 것입니다.

우리, 살아남은 이에게 남겨진 일은 오히려, 이곳에서 싸운 이들이 오래도록 고결하게 추진해온, 끝나지 않은 일에 헌신하는 것입니다.

우리들에게 남은 일은 오히려, 명예로이 죽은 이들의 뜻을 받들어, 그분들이 마지막 모든 것을 바쳐 헌신한 그 대의에 더욱 헌신하는 것입니다.

그것은 그분들의 죽음이 헛되지 않도록 하고, 신의 가호 아래, 이 땅에 새로운 자유를 탄생시키며, 국민을 위한, 국민에 의한, 국민의 정부가 지구상에서 죽지 않도록 하는 것입니다.

(1863년 11월 19일)

2. John F. Kennedy 대통령 취임연설문

오늘 우리는 한 정당의 승리가 아닌, 끝이면서도 시작을 상징하고, 부활이면서도 변화를 의미하는 자유의 축제를 보고 있습니다. 왜냐하면 제가 여러분과 전지전능한 신 앞에, 우리 조상들이 약 한세기하고도 75년 전에 규정한 엄숙한 서약을 똑같이 맹세했기 때문입니다.

지금 세계는 매우 다릅니다. 왜냐하면 인류는 그들의 유한한 손에 모든 형태의 인간 생명과 재산을 없애버릴 수 있는 힘을 가지고 있기 때문입니다. 인간의 권리는 국가의 관용이 아니라 신으로부터 왔다는, 우리 선조들이 목숨을 걸고 싸웠던 신념은, 아직도 전 세계에서 논란이 되고 있습니다.

오늘 우리는 우리가 첫 혁명의 후계자임을 결코 잊지 않을 것입니다. 지금 이 자리에서 우리의 친구와 적 모두에게 전합니다. 횃불은 미국의 새 세대에게 전해졌습니다. 그들은 이 세기에 태어났고, 전쟁으로 단련되었고, 힘들고 쓰라린 평화를 통해 훈련되었으며, 우리의 유산을 자랑스럽게 여기며, 이 나라에서 항상 보장되었고, 오늘날 국내외에서 보장하는 인권이 느리게라도 후퇴하는 것을 목격하거나 허락하지 않을 세대입니다.

모든 나라들은 알아야 합니다. 그들이 우리가 잘 되기를 빌든, 나쁘게 되기를 빌든 관계없이, 우리는 자유의 생존과 성공을 보장하기 위해서 어떠한 대가도 치를 것이고, 어떠한 짐도 감당할 것이며, 어떠한 고난도 감수하며, 어떠한 적과도 맞설 것입니다.

이것과 그 이상을 우리는 맹세합니다.

우리와 문화적이고 정신적인 근원을 공유하는 오랜 동맹국들에게, 우리는 믿음직스런 친구로서의 충성을 맹세합니다. 뭉쳐서 협력하면, 모험에서 우리가 하지 못할 것은 거의 없습니다. 분열되면 우리가 할 수 있는 것은 매우 적습니다. 어떻게 감히 서로 다투고 분열된 상태에서 강력한 도전에 맞설 수 있겠습니까.

자유를 얻은 신생 국가들에게, 우리는 다음과 같이 맹세합니다. 아직 없어지지 않은 식민 통치의 형태가 단순히 더 강력한 철권 통치로 바뀌지는 않을 것입니다. 그들이 항상 우리들의 입장을 지지해주기를 바라지 않습니다. 하지만 그들이 항상 강하게 그들의 자유를 지탱하기를 바랍니다. 그리고 과거에 바보같이 호랑이 등에 올라타는 방법으로 권력을 추구했던 자들은 호랑이에게 먹히는 것으로 끝났다는 점을 기억해 주길 바랍니다.

오두막과 촌락에 살며, 대규모 빈곤의 굴레에서 벗어나기 위해 노력하는 지구의 절반을 차지하는 사람들에게, 우리는 어떠한 기간이 걸리더라도 그들이 자립할 수 있도록 최선의 노력을 다해 도울 것을 맹세합니다. 공산주의자들이 도울까봐서가 아니며, 그들의 표가 필요해서가 아니며, 그것이 옳기 때문입니다. 만약 자유로운 사회가 가난한 다수를 도울 수 없다면, 그 사회는 부유한 소수를 지킬 수 없습니다.

우리 국경 남쪽에 있는 자매 국가들에게, 우리는 특별한 맹세를 합니다. 진보를 향한 동맹을 통해 우리의 말을 선량한 행동으로 실천할 것입니다. 빈곤의 사슬을 벗어내려 하는 자유 시민과 정부를 도울 것입니다. 하지만 이 평화롭고 희망에 가득찬 변혁은 결코 적대적인 세력의 먹이가 되어서는 안됩니다. 우리의 모든 이웃에게, 그들과 함께 아메리카 대륙 어디에서든 일어나는 침략과 파괴에 대항할 것임을 알립니다. 전 세계 다른 나라들에게, 이 대륙은 계속해서 이 대륙의 주인으로 남아 있을 것임을 알립니다.

전 세계 주권 국가들의 연합이며, 전쟁의 수단이 평화의 수단을 한참 앞질러버린 이 시대에 우리의 마지막 최고 희망인, 국제 연합에, 우리는 지원하겠다는 맹세를 다시 한 번 강조합니다. 국제 연합이 단순히 독설을 위한 장이 되는 것을 막고, 신생 약소국들을 위한 방패 역할을 강화하기 위해서이며, 그 권한이

미치는 지역을 넓히기 위해서입니다.

마지막으로, 우리와 적대하려는 나라들에게, 우리는 맹세가 아닌 요청을 합니다. 과학기술에 의해 고삐가 풀린, 어두운 파괴의 힘이, 고의적이든 실수든 모든 인류 공동체를 삼켜 버리기 전에, 두 진영이 평화를 위한 새로운 탐구를 시작합시다.

약점을 내보여 그들을 유혹하고픈 생각은 결코 없습니다. 오직 우리의 군사력이 의심할 여지없이 충분해야만, 우리는 그것이 사용되는 일이 없을 것이라고 확신할 수 있습니다.

하지만 위대하고 강력한 두 진영의 국가들 모두 현재의 상황에 안심하지 못하고 있습니다. 두 진영은 과중한 군비 부담으로 고통받고 있고, 치명적인 핵 무기의 점진적인 확산을 심각히 걱정하고 있으며, 그러면서도 인류 최후의 전쟁이 일어나는 것을 막고 있는 불확실한 공포의 균형을 바꾸기 위해 경쟁하고 있습니다.

그러므로 다시 시작합시다. 정중함은 나약함의 표시가 아니며, 진실함을 보이는 데는 증거가 필요하다는 것을 두 진영은 기억합시다. 우리는 두려움 때문에 협상하지는 않을 것입니다. 하지만 협상을 두려워하지도 맙시다.

두 진영으로 하여금, 두 진영을 분열시키는 문제로 논쟁하기 보다는 서로를 단결시킬 수 있는 문제들을 찾도록 합시다.

두 진영으로 하여금, 처음으로 진지하고 구체적인 군비 조사 및 통제 방안을 만들어 보도록 합시다. 그리고 다른 나라들을 파괴할 수 있는 절대적인 힘을 모든 국가들의 절대적인 통제 밑에 놓도록 합시다.

두 진영으로 하여금, 과학의 공포가 아닌 경이를 찾도록 합시다. 함께 별들을 탐험하고, 사막을 정복하며, 질병을 박멸하고, 깊은 대양에 손을 대며, 예술과 상업을 장려하도록 합시다.

두 진영으로 하여금, 함께 지구 구석구석에서 들려오는 이시야의 명령에 귀를 기울이도록 합시다. "멍에의 줄을 끌러 주고, 압제당하는 자를 자유케 하라."

그리고 협력의 교두보가 불신의 정글을 밀어내면, 두 진영으로 하여금 새로운 과업을 이룩하도록 합시다. 새로운 힘의 균형이 아닌, 강대국은 정의롭고 약소국은 안전을 보장받으며, 평화가 지켜지는 새로운 질서의 세계를 만듭시다.

이 모든 것은 취임 후 100일 내에 이루어지지 않을 수 있습니다. 1000일이 지나도, 이 행정부가 끝나도, 어쩌면 지구에서의 우리의 삶이 끝날 때까지도 이루어지지 않을 수 있습니다. 하지만 시작합시다.

친애하는 국민 여러분, 저보다는 여러분의 손에 우리들 진로의 성공과 실패가 달려 있습니다. 이 나라가 건국된 이래, 각 세대의 미국인들은 그들의 애국심을 증명하도록 조국의 부름을 받았습니다. 국가의 부름에 응한 젊은 미국인들의 무덤이 전 세계를 뒤덮고 있습니다.

이제 나팔소리가 다시 우리들을 부릅니다. 무기가 필요하지만 무기를 들라는 부름이 아니고, 전투 준비를 갖추고 있지만 싸우라는 부름이 아닙니다. "소망 중에 기뻐하며, 환난 중에 견디며", 독재, 빈곤, 질병, 전쟁 그 자체라는, 인류 공동의 적에 맞선, 해가 지나도 이어질 긴 투쟁의 짐을 지라는 부름인 것입니다.

우리가 이러한 적들에 맞서, 남과 북, 동과 서를 아우르는 웅대하고 전 지구적인 동맹을 조직하여, 인류에게 좀 더 유익한 삶을 보장해줄 수 있겠습니까? 여러분은 이 역사적인 노력에 동참하시겠습니까?

긴 인류의 역사에서, 오직 소수의 세대만이 자유가 가장 큰 위험에 처했을 때, 그것을 지키라는 임무를 부여 받았습니다. 저는 결코 이 책임으로부터 위축되지 않겠습니다. 저는 기꺼이 받아들입니다. 저는 우리들 중 어느 누구도, 다른 사람들, 다른 세대와 이 역할을 바꿀 것이라고 믿지 않습니다. 열정, 신뢰, 헌신, 우리가 이 노력에 가져올 모든 것들이 우리나라와 조국에 봉사하는 모든 이를 비출 것입니다. 그리고 그 불길로부터 나온 불빛은 진실로 세상을 밝힐 것입니다.

그래서, 존경하는 국민 여러분! 국가가 여러분에게 무엇을 해 줄 것인가 묻지 말고, 여러분이 국가를 위해 무엇을 할 수 있는가를 물어 보십시오.

존경하는 세계 시민 여러분, 미국이 여러분에게 무엇을 해 줄 것인가 묻지 말고, 인간의 자유를 위해 무엇을 함께 할 수 있는가를 물어 보십시오.

마지막으로, 여러분이 미국 국민이든 세계 시민이든, 제가 이 자리에서 여러분에게 요구했던 똑같은 수준의 높은 힘과 희생을 저에게 요구하십시오. 선한 양심을 우리의 하나뿐이고 확실한 보상으로 삼고, 역사를 우리 행동의 최종 심판자로 하여, 하느님의 축복과 도움을 구하고, 하지만 이 지구에서 그 분의 작품이 진실로 우리의 것이 될 것이라는 것을 알면서, 우리가 사랑하는 이 땅을 이끌고 전진합시다."

좐 F. 케네디 대통령 박물관이 어제 공개한 디지털 자료 사이트입니다. 다른 자료들도 즐기시길 바랍니다.

역사적인 연설, 사진, 해외 정상과의 전화통화 등 역사적 자료면서 재미있는 보물이 많습니다.

(JOHN F. KENNEDY PRESIDENTIAL LIBRARY AND MUSEUM)

Company's Department

부서명 / 영문	
[경영 총무]	
이사회	Board of Directors
비서실	Secretariat
경영기획부	Consulting Operations Department
서무부	General Affairs Department
총무부	Administration Department
후생부	Welfare Department
법무부	Legal Affairs Department
문서부	Legal Department
노무부(근로부)	Labor Relations Department
[인사 – 홍보]	
인사부	Personnel Department
인재 육성부	Education & Development Department
교육 연수부	Education & Training Department
홍보부	Public Relations epartment
[정리 재산 관리]	
경리부	General Accounting Department
조사부	Internal Auditing epartment

부서명 / 영문	
재무부	Finance Department
자금부	Finance Processing
	Department
관리부	Properties Administration Department
증권부	Securities Department
[영업 판매]	
영업부	Sales Department
해외 영업부	International
	Marketing Department
해외부	Overseas Department
국제부	International Planning Department
무역부	Import & Export Department
수출부	Export Department
수입부	Import Department
판매부	Sales Department
[사업 업무]	
사업부	Enterprises Department
해외 사업부	Overseas Operations Department
국제 사업부	Overseas Business Development Department
업무부	Sales Administration Department

부서명 / 영문	
해외 업무부	Overseas Sales Department
판매 업무부	Sales Affairs Department
구매부	Purchasing department
섭외부	Foreign Relations department
선전부	Advertising Department
[관리 서비스]	
관리부	Administration Department
상품 관리부	Product Administration Department
판매 관리부	Sales Administration Department
생산 관리부	Production Control Department
서비스부	Servicing Department
수리부	Repair Service Department
품질 보증부	Quality Assurance Department
발송부	Dispatch Department
[기술 생산]	
기술부	Engineering Department
생산 기술부	Production Enginering Department
조달부	Procurement Department

부서명 / 영문	
사무 기계부	Office Machine Department
자재부	Materials Department
설계부	Designing Department
전자 계산부	Informations System Department
정보시스템부	Information System Department

Reference

1. 김기훈,『English Premier Lesson』, K-Lab, 2013. (EPL)
2. 이익훈,『Eye of the TOEIC』, 넥서스, 2007. (Eye)
3. 다락원 TOEIC 연구회,『토익 채널』, 다락원, 2006.
4. 박득우 최병길,『TOEIC 620』, 시시영어사, 1997.
5. 송성문,『성문종합영어』, 성문 출판사, 1885. (종합)
6. 장승재,『반석기초영작문』, 반석출판사, 2012. (반석)
7. 아이엘 파고다 언어교육 연구소.,『Toeicic Clinic. Beginner Reading』, Wit&Wisdom, 2008. (Clinic)
8. 이성률 외 3,『토마토 BASIC』, 능률교육, 2018. (토미토)
8. 윤여복, 김혜진, 박은희,『취업을 위한 실무영어』, 동아대학교 출판부, 2015. (취업)
8. 정효섭,『New Toeic 채널』, 다락원, 2006. (New Toeic)

9 진용우,『English Writing Clinic』, 성심출판사, 2013.

10 Colin S. Ward 외 1,『Skill for Success: Reading and Writing(3rd Edition)』, Oxford Univ. Press, 2019.

11. David Cho,『해커스 토익 중급 Reading』, 해커스 어학 연구소., 2012 (해커스)
12. Debra Daise 외 1,『Skill for Success: Reading and Writing (4th Edition)』, Oxford Univ. Press, 2020.
13. Keith S. Folse 외 2,『Great Writing 2: Great Paragraphs (4th Edition)』, National Geographic Learning, 2014. (Great Writing)
14. Swales John M. & Feak Christine B,『Academic Writing for Graduate Students』, University of Michigan, 2012.
15. YBM, CNN ez-August, 2011, YBM.
16. YBM, CNN ez-October, 2011, YBM.
17. BBC, BBC Learning English, 2020, bbclearningenglish.com.
18. https://cnn.ybnnet.co.kr/cnn_discussion/667)

진용우 Jin Yong-woo

경희대학교 문학석사
경상대학교 문학박사
영국 Edinburgh University 초빙 연구원
미국 Indiana University 초빙교수
현재 경남과학기술대학교 영어학과 교수
영미어문학회 회장
경남과학기술대학교 주요보직(국제교류원장, 학장, 교무처장, 창업대학원장)

저서

『20세기 영미시와 실용 영어교육』(신아사, 2016)
『19세기 영시 읽기』(신아사, 2015)
『English Writing Clinic』(성심출판사, 2013)
『Leader of Business Writing』(고려출판사, 2011)

논문

「D. H. 로렌스의 『아들과 연인』에서 성과 종교, 그리고 오이디푸스 콤플렉스의 영향」(2020)
「메리 올리버의 낭만주의 전통을 품은 생태시」(2019)
「이분법적 대립을 이용한 영어 유의어의 구분」(2018)
「Unity of Being and the Mask in W. B. Yeats's Poems」(2016) 외 다수

안병길 Ahn Byeong-kil

경상대학교 영어학박사
미국 Indiana State University 초빙 교수
언어학과학회 회장
현재 경남과학기술대학교 영어학과 교수

저서

『JOB INTERVIEW: Mastering Job Interview in English』(경남과학기술대학교 출판부, 2016)
『사회적경제와 인문학』(경남과학기술대학교 출판부, 2015)

논문

「A Study of the Series Neologisms and the H-Type Word Formation」(2019)
「Distinction of English Near-synonyms in Contextual Uses between Afraid to V and Afraid of V-ing by means of Binary Opposition Strategy」(2018)
「A Corpus-Based Study of must, should, and have to」(2017)
「A Study of the Relationship between Korean EFL College Students` Reading Strategy Use and Reading Anxiety」(2016)
「문학과 언어학의 만남: Paradise Lost에 나타난 보충어 도치문을 중심으로」(2014) 외 다수

Smart engilsh writing

2020년 8월 31일 초판 1쇄 발행

지은이	진용우, 안병길
펴낸이	권순기
부장	박현곤
행정팀장	김성균
디자인	이희은
편집보조	이희성

펴낸곳	경상대학교출판부 ǀ 출판등록 1989년 1월 7일 제16호
주소	경남 진주시 진주대로 501
전화번호	055) 772-0801(편집), 0802(디자인), 0803(도서 주문)
팩스	055) 772-0809
전자우편	gspress@gnu.ac.kr
홈페이지	http://gspress.gnu.ac.kr
페이스북	https://www.facebook.com/gnupub

책값은 뒤표지에 있습니다.

이 도서의 국립중앙도서관 출판시도서목록(CIP)은 서지정보유통지원시스템 홈페이지(http://seoji.nl.go.kr)와 국가자료공동목록시스템(http://www.nl.go.kr/kolisnet)에서 이용하실 수 있습니다.
(CIP제어번호: CIP2020035354)